COISAS DA
COSA
NOSTRA

"Na Sicília, a máfia atinge os servidores públicos
que o Estado não é capaz de proteger."
– G.F.

GIOVANNI FALCONE
E MARCELLE PADOVANI

COISAS DA COSA NOSTRA

Tradução de: Luís de Paula

Título original
COSE DI COSA NOSTRA

© 1991 EDITION 1/Austral
© 1991-2012 RCS Libri S.p.A.
Todos os direitos reservados.

Direitos para a língua portuguesa reservados
com exclusividade para o Brasil à
EDITORA ROCCO LTDA.
Rua Evaristo da Veiga, 65 – 11º andar
Passeio Corporate – Torre 1
20031-040 – Rio de Janeiro = RJ
Tel.: (21) 3525-2000 – Fax: (21) 3525-2001
rocco@rocco.com.br
www.rocco.com.br

Printed in Brazil/Impresso no Brasil

preparação de originais
TIAGO LYRA

CIP-Brasil. Catalogação na fonte.
Sindicato Nacional dos Editores de Livros, RJ.

F172c Falcone, Giovanni, 1939-1992
     Coisas da Cosa Nostra: a máfia vista por seu pior
inimigo / Giovanni Falcone; com Marcelle Padovani;
tradução de Luís de Paula.
    – Rio de Janeiro: Rocco, 2012.

    Tradução de: Cose di Cosa nostra

    ISBN 978-85-325-2762-2

    1. Máfia – Itália. 2. Crime organizado – Itália.
    I. Padovani, Marcelle. II. Título.

12-1984   CDD-364.106945
                                                      CDU-343.341(45)

 Apoio à tradução

A melhor palavra é aquela que não se diz.
(Antigo provérbio siciliano)

A Sicília toda é uma dimensão fantástica.
Como é possível viver lá sem imaginação?
Leonardo Sciascia

SUMÁRIO

VINTE ANOS DEPOIS – por Marcelle Padovani 9

PREFÁCIO À 1ª EDIÇÃO – por Marcelle Padovani 21

   I – VIOLÊNCIA 33

   II – MENSAGENS E MENSAGEIROS 61

   III – CONTIGUIDADES 89

   IV – COSA NOSTRA 111

   V – LUCROS E PERDAS 141

   VI – PODER E PODERES 165

VINTE ANOS DEPOIS

Passaram-se vinte anos desde o atentado que custou a vida de Giovanni Falcone. E 21 anos desde que este livro foi escrito: uma geração. Pensando nos jovens leitores, nos estudantes e nos adolescentes que abrirão *Coisas da Cosa Nostra* pela primeira vez, para os quais a chacina de 23 de maio de 1992 faz parte da história distante, a minha intenção é dupla: oferecer um testemunho, o mais concreto possível, do trabalho visionário de um juiz fora do comum (porém, com a consciência de que a leitura deste livro será mais convincente do que qualquer introdução), e dizer, ou melhor, resumir, aquilo que por um lado foi alcançado nestas duas últimas décadas, e o que foi, lamentavelmente, por outro lado, negligenciado ou perdido ao longo do caminho da luta contra o crime organizado. Em suma, estas linhas são também uma tentativa de avaliar a veracidade histórica das informações e presságios, certezas e dúvidas que Giovanni Falcone quis deixar como herança para os seus sucessores antimáfia. E para todos os cidadãos.

São passados vinte anos, portanto, e as certezas de hoje são muitas em matéria de luta contra as máfias. Antes de tudo, o bom nível de conhecimento na sociedade italiana a respeito do fenômeno mafioso em todas as suas variações. Ninguém ousaria mais afirmar que *a máfia não existe* ou que *é invenção da mídia*. Ninguém que tenha um mínimo de seriedade poderia mais permitir-se ignorar ou simplesmente subestimar a difusão do fenômeno criminal em todo o território italiano, o seu caráter "global", as suas ramificações também no exterior, as suas linguagens específicas e os mecanismos que a regulam. As informações que há vinte anos eram limitadas ao círculo restrito dos especialistas são, hoje, patrimônio amplamente compartilhado. E é bom que seja assim para tornar mais eficaz a repressão e evitar que magistrados e policiais tornem-se isolados em relação às organizações criminosas e também às instituições, aos colegas e à opinião pública: isto aconteceu com Falcone e o deixou muito amargurado, ao menos nos últimos anos de sua vida. Porque realmente foi paradoxal que um magistrado que tinha um conhecimento tão apurado e original dos mecanismos subversivos sempre precisasse defender a contragosto a sua capacidade de luta como se fosse um debutante ("Tenho sempre que dar algumas provas, ser avaliado", brincava, mas não muito, comigo).

    Nestes vinte anos, contudo, uma consequência feliz da tomada de consciência generalizada da periculosidade mafiosa foi seguramente o nascimento e a multiplicação dos movimentos antimáfia. Mesmo que tendam a surgir aqui e ali em função da excepcionalidade dos eventos trágicos que os inspiraram, mesmo que também permaneçam informais e heterogêneos. Mas as suas limitações são amplamente compensadas por verdadeiros fenômenos organizativos, como o "Addio *pizzo*", dos jovens de Palermo; o "Libera", de Luigi Ciotti, que reúne 1.300 associações e especializou-se na aplicação social dos bens confiscados aos mafiosos, e não só no Sul; ou a "Federazione delle Associazioni antiracket", de Tano Grasso, em Nápoles. Estas organizações, surgidas não da impulsividade mas da análise fria e pragmática da realidade e da convicção de que a batalha pela legalidade é uma luta também "conveniente" para gerar "saldo positivo", têm mais chances de influenciar de modo duradouro no resultado da luta contra a máfia. E talvez para incitar as instituições a apoiarem leis cada vez mais adequadas à complexidade do combate. Para Falcone, as reações da sociedade civil, como aquelas que, por exemplo, se seguiram ao assassinato de Libero Grassi, que em 1991 recusou-se a pagar por proteção, eram sinais incomuns que ele analisava e pesava com a frieza de um especialista. Naquele verão de 1991, gostava de dizer que a reação aterrorizada da sociedade civil àquele ataque covarde foi "um sinal de que um movimento contra o pagamento por proteção poderia acontecer também em Palermo", depois das manifestações ocorridas em Capo d'Orlando sob o comando de Tano Grasso.

Outro grande elemento a ser elencado no capítulo das "transformações positivas": a validade, aliás, o exemplo reconhecido a nível internacional da legislação italiana e das estruturas de combate ao crime organizado, a partir dos procuradores antimáfia e da Administração Nacional Antimáfia

(ADA), pela qual Falcone lutou muito. Batalhou junto a cada deputado, cada senador, cada ministro, funcionário especializado ou jornalista que ele queria convencer quanto aos "benefícios da centralização, tanto da informação como da repressão". Ele sonhava com uma espécie de supercomputador – disse-me explicitamente – como o que tinha visto, na época, na sede romana do Instituto de Previdência Social, e que podia em alguns segundos listar a situação processual, as contravenções, as irregularidades cometidas por qualquer cidadão ao longo de sua vida. De fato, as estruturas pelas quais Falcone tanto batalhou aumentaram muito a capacidade de repressão, possibilitando a coordenação efetiva de investigações que antes eram fragmentadas e dissociadas. Seria tolice não reconhecer: aquilo que uma vez foi o sonho impossível dos poucos magistrados e policiais que cercavam Giovanni Falcone tornou-se um modelo organizacional de verdade, cuja vitalidade não depende da boa vontade desse ou daquele governo, nem dos obstáculos que uma maioria política qualquer pode criar, muito menos da escassez dos recursos destinados à repressão ao crime. Neste sentido, não é exagero afirmar – e isto se ouve na administração pública europeia – que além das desprezíveis afasias, dos personalismos ou das eventuais discordâncias entre os atores da repressão à máfia, os magistrados e policiais italianos encarregados do combate ao crime organizado são *os melhores do mundo*. Em suma, hoje todos nós sabemos que se as gangues têm capacidade de mudar sua face, métodos e geografia, o grupo antimáfia tem sido capaz de se adaptar extraordinariamente a estes novos parâmetros. E sabe que os maiores inimigos a combater são a ilegalidade, cada vez mais comum e inerente ao momento histórico que vive o capitalismo, por um lado, e, por outro, a mutação genética da administração pública, frequentemente a serviço dos grupos econômicos e políticos. Certamente, Giovanni Falcone ficaria contente com esta conscientização do mundo antimáfia.

E com o fato de que, nas novas gerações de policiais, por exemplo, valoriza-se mais o perfil profissional do novo antagonista das máfias, como no caso de Renato Cortese, que chefiou por quatro anos o grupo de Regio Calabria, após ter sido responsável pela mítica "Caçadora" de Palermo, que sob o seu comando capturou o fugitivo Bernardo Provenzano. Um novo policial que personifica da melhor forma a capacidade dos investigadores de hoje, que combinam coragem, experiência de luta e um bom conhecimento dos fenômenos criminais: prova disto são as centenas de prisões que nestes últimos anos foram executadas sob o seu comando nas fileiras da 'Ndrangheta, a máfia napolitana.

Ninguém pode negar a extraordinária eficácia da repressão italiana: "Criamos o veneno e inventamos o antídoto", costuma dizer Pietro Grasso, procurador nacional antimáfia. E acrescenta: "Nós, italianos, temos uma experiência que ninguém pode ter em matéria de crime organizado."

De todo modo, se no tempo de Falcone a cooperação internacional era um caso particular atribuível às boas relações pessoais do próprio magistrado, hoje tornou-se um episódio administrativo habitual. Os policiais e os magistrados italianos movimentam-se com familiaridade e facilidade nas procuradorias e gabinetes de toda a Europa e também dos Estados Unidos. Não há magistrado europeu, entre outras considerações, que não deseje que o "crime de associação mafiosa" seja incluído na legislação de seu próprio país, dado que ele é visto como um "modelo de responsabilização coletiva". A cooperação que decorre disto, e que também foi materializada com a criação de organismos internacionais como a "Eurojust" e a "Europol", já deu resultados imprevisíveis. Por exemplo, quando se trata de colaboração com países que faziam parte do antigo bloco do Leste europeu. Piero Grasso cita com satisfação uma investigação que envolveu, a partir de 2007, a Sérvia, Slovênia e Bulgária com militares da ex-Iugoslávia, colombianos, membros da 'Ndrangheta e de alguns grupos mafiosos da Puglia, encerrada com dezenas de prisões internacionais em consequência dos inquéritos conjuntos. O procurador-adjunto de Nápoles, Giovanni Melillo, que coordenou aquela investigação em nome da ADA, mais que exaltar o resultado alcançado, preferiu rever alguns pontos delicados que poderiam minar a cooperação internacional. "Não basta a confiança que estabelecemos ao longo das investigações em países europeus e não europeus. O real problema é que a Itália, que tanto contribuiu para a construção de um sistema repressivo mundial, hoje está paralisada pela incapacidade de cumprir obrigações assumidas na Europa ao ter assinado convenções internacionais de absoluta relevância." Alguns exemplos: a incapacidade de ratificar a Convenção de Bruxelas sobre assistência judiciária entre Estados da UE; a demora para ratificar convenções do Conselho da Europa sobre corrupção, ou normas decisivas sobre prisão, confisco de bens, equipes de investigações conjuntas... Certamente, já observamos, estas deficiências são compensadas pela excelente reputação dos promotores italianos, que continuarão a atravessar as fronteiras sem problemas; mas, apesar de tudo, trata-se de uma situação precária e provisória. Não sustentada por uma adequação coerente da legislação italiana. A este ponto, somos levados a pensar na angústia de Falcone para "se inventar" dois ou três interlocutores, seguros e confiáveis, nos Estados Unidos ou na França; o promotor Rudolph Giuliani, o agente do FBI Louis Freeh, ou o magistrado Michel Debacq... Que desperdício!

O desperdício também é grande quando se pensa de modo mais genérico no caráter frequentemente amador, intermitente e "minimizante" do compromisso do Estado em relação ao crime organizado (um "defeito" que já existia no tempo de Falcone e que ele considerava danoso). E no perigo que isto ainda representa hoje, como era no passado: a incapacidade deste Estado de ocupar os espaços tomados à máfia através de instrumentos políticos, da boa administração e do desenvolvimento econômico, mesmo quando a repressão é eficaz. Quando nos entusiasmamos pela captura de um importante chefe dos Casaleses, quando nos regozijamos pelo "aniquilamento da elite da Cosa Nostra" ou pelo encarceramento de algum "chefão" calabrês, nos esquecemos de que outros camorristas ou 'ndranghetistas logo tomarão o lugar dos seus predecessores. Isto Falcone já dizia há vinte anos. Esquecemos que o que conta é a estrutura fundamental – os "valores", o enraizamento territorial, as práticas "consensuais" das organizações mafiosas –, e não apenas os seus chefões. Esquecemos que o sucesso das máfias se deve ao fato de serem modelos vitoriosos para os grupos. E que o Estado não dará fim a isto até que ele próprio se torne um "modelo de sucesso". Um desafio difícil, uma vez que as máfias, com a sua compreensão do mundo moderno e sua formidável capacidade de adaptação às novas condições de vida e de "trabalho", frequentemente têm, mesmo na derrota, uma larga vantagem sobre nós, como Falcone dizia humildemente. Souberam transformar-se em "colarinhos-brancos". Demonstraram saber, melhor que muitos empresários, como usar as redes das finanças e da economia, um sistema nervoso com mil sofisticadas terminações. E se, além disto, o Estado mostra-se inconsistente ao desempenhar a sua função, então a batalha torna-se realmente desigual. Por exemplo, se a administração dos bens confiscados dos mafiosos tivesse que permanecer tão confusa e cheia de obstáculos como é hoje, tornando improvável o uso público destes bens para a comunidade, mais uma vez seriam as máfias que se beneficiariam disto. Um exemplo: quando um prédio de propriedade de criminosos é expropriado pelo Estado, por conta dos altos custos de manutenção, da lentidão da burocracia ou por desinteresse geral, em seguida é abandonado à própria sorte, até virar ruína. O Estado perde não somente o imóvel tomado da máfia com muito esforço, mas também a sua credibilidade. "Quanto menos o Estado tem condições de administrar e de proteger, mais espaço há para as máfias", conclui desiludido Pietro Grasso. Mas há algo mais grave do que a simples omissão ou que a habitual subavaliação em algumas intervenções do Estado. Por exemplo, as emendas não tão necessárias feitas ao 41bis; as modificações na lei que trata dos colaboradores da Justiça e que dá um discutível prazo de 180 dias para a obtenção de suas declarações; os projetos de limitação das interceptações telefônicas a pretexto de que são onerosas, quando todos sabem que cada uma custa menos de 11 euros por dia; ou as críticas ao uso de microfones miniaturizados na espionagem. Sobre isto, não podemos deixar de lembrar de alguns objetos engraçados, mas simbólicos, que já fazem parte do álbum de família dos policiais italianos: o galho de oliveira, no qual o comissário Giuseppe Linares colocou os minimicrofones que permitiram a captura de perigosos mafiosos na periferia de Trapani, que hoje se encontra em seu gabinete, no grupamento da polícia judiciária; a porção de terra recheada de chips, que revelou aos investigadores uma importante reunião mafiosa na província de Agrigento... "Sem interceptações e sem tecnologia apurada não existe luta contra a máfia", disse Pietro Grasso, que trabalhava com Falcone antes mesmo do "maxiprocesso". E dividiu com ele inquietudes e conquistas.

Mas, provavelmente, o aspecto mais doloroso desta longa lista de erros posteriores à chacina de Capaci (que não anula absolutamente os incontestáveis sucessos do grupo antimáfia, cabe recordar) diz respeito a um tema que era importante para Falcone: a comunicação entre os magistrados e a opinião pública. Quando decidiu escrever *Coisas da Cosa Nostra,* após anos de solicitações de vários editores, não foi por exibicionismo, narcisismo ou espírito de vingança, mas para libertar-se de um trágico isolamento: não por acaso, às vezes chegava a dizer que tinha "mais medo do Estado do que da máfia". Invejado, atacado e abandonado pela maioria dos seus colegas, não tinha outra escolha se não levar o público a testemunhar. Escrever um livro era a última carta que ele poderia jogar contra a cegueira da política, do Conselho Superior de Magistratura e dos outros juízes. Recorrer à opinião pública foi, portanto, sua última tentativa de reerguer a cabeça. Lembro-me de que Giovanni Falcone não estava muito feliz naquele dia de fevereiro de 1991, quando me anunciou que estava deixando a promotoria de Palermo (onde o incumbiam apenas de resolver problemas ridículos como roubos de energia elétrica no bairro Zen!) para um posto a ser criado no Ministério da Justiça. Não estava muito feliz, embora tivesse plena consciência da sua capacidade de organização, e também ideias claras sobre como reformar a política judiciária. Portanto, foi naquele "período de indefinições", entre Palermo e Roma, que decidimos escrever *Coisas da Cosa Nostra,* com a convicção de que seria um "livro único" (e, neste sentido, num momento de cansaço ou depressão em que ele queria adiar uma das nossas longas e cansativas sessões de entrevistas, infelizmente ocorreu-me dizer a Falcone esta frase cruel: "Você nunca mais vai escrever outro livro"). Com o passar do tempo, no entanto, fiquei mais convicta de que tê-lo pressionado foi útil, porque permitiu a difusão de informações inéditas. Para os especialistas no assunto e para os cidadãos.

Posto isto, na verdade não estou convencida de que todos os livros dedicados à máfia depois de sua morte tenham tido uma função análoga. Alguns sim, outros não. Porque hoje a situação se inverteu completamente. Os magistrados que lutam contra o crime organizado não estão isolados como nos dias de Falcone. De fato, muitas vezes são superexpostos à mídia, e eles próprios são notícia (e autores) de dezenas e dezenas de publicações. Pode-se intuir que, ao optarem pela superexposição na mídia, tenham desejado "vingar-se" das várias tentativas de desmoralização que lhes foi infligida pela política. Mas se poderia perceber de outro modo: uma espécie de vontade incontida de contar como é difícil, custoso, e provavelmente desumano, por exemplo, viver sob escolta. E um desejo incontrolável de narrar, logo no primeiro ano que se segue a um processo contra a máfia, quanta coisa acontece "por trás dos panos". Ou quanto foi fascinante o encontro com algum *arrependido* famoso. Alguém arriscaria dizer que se trata de uma espécie de autoglorificação? É provável que seja. Na realidade, porém, se retiramos o exemplo desta escolha de superexposição, tem-se a melancólica impressão de que tenha nascido uma categoria nova, transversal e difusa de "protagonistas da antimáfia", feita de combatentes e ex-combatentes de origens e credibilidades variadas que, com a sua autorrepresentação de sacrifício, às vezes economicamente lucrativa, acabaram lançando no mercado uma caricatura empobrecida do que foi o empenho desumano, incondicional e completamente desinteressado de Giovanni Falcone. Falcone, a quem as comissões antimáfia circunscritas à mídia não agradariam.

Nem mesmo vinte anos atrás.

MARCELLE PADOVANI

PREFÁCIO À 1ª EDIÇÃO

O método Falcone

"Inimigo número um da máfia": o rótulo ficará ligado a ele para sempre. Cercado por um halo lendário de combatente sem manchas e sem medo, o juiz Giovanni Falcone, 52 anos, passou onze deles no "gabinete-bunker" do Palácio da Justiça de Palermo combatendo a Cosa Nostra. Estas páginas são um testemunho disso. Não se trata nem de deixar um testamento nem de uma tentativa de dar lições, muito menos de posar de herói.

"Não sou Robin Hood", comentava em tom de brincadeira, "nem um camicase, muito menos um trappista*. Sou simplesmente um servidor do Estado em *terreno não confiável*." Trata-se, portanto, de mais um momento de reflexão, da tentativa de fazer um balanço entre velhos e novos encargos: em 13 de março de 1991, o juiz Giovanni Falcone foi nomeado

---

* Monge da Ordem de Citeaux, que segue rigorosamente as normas beneditinas. A Ordem foi fundada em 1098 por São Roberto de Molesme, em La Trappe, ao norte da França, depois difundida por São Bernardo de Chiaravalle. (N. do T.)

diretor de Assuntos Penais do Ministério da Justiça, em Roma. Distante de Palermo.

A partida da capital siciliana, a frieza de uma vida que se alternava entre carros blindados, a atmosfera sufocante do Palácio da Justiça, as longas noites de leitura e releitura dos depoimentos dos *arrependidos* atrás de pesadas cortinas de um cômodo superprotegido, os trajetos tortuosos sob escolta de carros de polícia com sirenes ligadas, talvez tenham sido uma espécie de alívio. Mas Falcone não se iludiu, não esqueceu o frustrado atentado de 21 de junho de 1989 – cinquenta bananas de dinamite escondidas entre rochas, a vinte metros da casa em que passava as férias: "É verdade, ainda não se livraram de mim... Mas a minha conta com a Cosa Nostra continua aberta. Será quitada somente com a minha morte, natural ou não." Tommaso Buscetta, o *superarrependido* máfioso, o havia colocado em alerta desde o início de suas confissões: "Primeiro procurarão me matar, mas depois chegará a sua vez. Até que conseguirão."

Apenas na aparência Roma é uma capital mais tranquila que Palermo; havia tempos que os chefões mafiosos a elegeram como domicílio. A feroz *famiglia* de Palermo, Santa Maria de Jesus, instalou lá potentes antenas. Sem falar da rede criada pelo tesoureiro Pippo Calò, com sua guarnição de mafiosos, gângsteres e políticos.

As razões pelas quais Falcone escolheu Roma como nova sede de trabalho foram muitas: na capital da Cosa Nostra, Palermo, já não podia mais dispor dos meios necessários para as suas investigações, e a divisão dos instrutores havia paralisado os juízes do pool antimáfia. Tinha se tornado o símbolo, ou álibi, de uma batalha desorganizada. Ciente de não estar mais em condições de inventar novas estratégias, o homem do maxiprocesso, que havia levado aos tribunais os grandes *capi* mafiosos, não poderia resignar-se e permanecer inerte. Escolheu ir embora dali. As informações colhidas por ele poderiam ser utilizadas com resultado, mesmo longe de Palermo. Com certeza não poderia mais realizar pessoalmente os interrogatórios; ao contrário, deveria criar condições tais que permitissem que os interrogatórios futuros pudessem ser levados a termo mais rapidamente e de forma mais incisiva, criando condições estáveis de coordenação entre os diversos magistrados.

O clima na capital Palermo mudara: acabara a euforia dos anos 1984-97, findo o período de surgimento dos *arrependidos*, distante do tempo do pool antimáfia, dos processos magnificamente instruídos contra a Cúpula. Nessa cidade, impenetrável e misteriosa, onde o bem e o mal se expressam de maneira igualmente excessiva, respirava-se uma sensação de cansaço, um desejo de retorno à normalidade. Mafiosos sistematicamente condenados foram colocados em liberdade por questões processuais; alguns até reapareceram com frequência nos restaurantes mais em moda. As forças policiais não tinham mais o mesmo brilho. O pool de juízes já estava esvaziado de poder. A frente estava desmobilizada.

De sua parte, a Cosa Nostra renunciara à sua aparente imobilidade. A *pax mafiosa*, que se seguiu às pesadas condenações do maxiprocesso, por um lado estava sob domínio ditatorial dos corleoneses como organização; por outro, não estava mais unida como antes. Multiplicaram-se os sinais de um projeto de revanche das *famiglie* palermitanas para reconquistar a hegemonia adquirida em 1982 em favor da *famiglia* de Corleone, cujos chefões eram Salvatore Riina, Bernardo Provenzano, foragidos, e Luciano Leggio, encarcerado. A máfia estava atravessando um período crítico: devia reconquistar credibilidade interna e refazer sua imagem, ambas gravemente comprometidas.

"Temos pouco tempo para aproveitar os conhecimentos adquiridos", repetia incansavelmente Falcone, "pouco tempo para retomar o trabalho de grupo e reafirmar o nosso profissionalismo. Depois disto, tudo será esquecido e novamente cairá a neblina. Porque as informações envelhecem e os métodos devem ser continuamente atualizados."

Encontrei-o pela primeira vez por volta de 1984, no Tribunal de Palermo, por trás de suas portas blindadas, protegido por um sistema eletrônico de vigilância 24 horas. Fiquei impressionada com a clareza de suas ideias, com o nível das suas informações, pela sinceridade do seu compromisso antimáfia. E por sua surpreendente consciência de saber que deveria estar discreta e permanentemente alerta.

A sua enorme capacidade de trabalho e a sua abnegação eram objetos de admiração, às vezes não separada de uma ironia sarcástica. Por onze anos, seja como for, viveu na atmosfera artificial das cortes de justiça, das prisões e dos escritórios superprotegidos. Não saía nunca; via o sol somente através das pequenas janelas blindadas de seu Alfa Romeo. Diante de sua residência, dois policiais montavam guarda dia e noite. Alguns moradores haviam sugerido em carta ao *Jornal da Sicília* que reunissem todos os magistrados que constituíam risco à segurança dos outros em uma espécie de forte, talvez uma prisão...

Revi Falcone regularmente para *Le Nouvel Observateur*, em função de um livro[1] e um filme[2] que havíamos rodado com o diretor Claude Goretta, em 1987, durante a conclusão do maxiprocesso. A equipe o havia batizado de *Johnny*. E, durante os dois meses das filmagens, assimilou as medidas de segurança aplicadas pelos policiais encarregados de protegê-lo: o seu nome nunca era pronunciado no hall de um hotel ou num restaurante para não dar ao inimigo informações involuntárias sobre sua pessoa e localização. Mas, apesar de tudo isto, ele continuava sendo o principal assunto das conversas. Quando finalmente *Johnny* nos concedeu uma entrevista de quarenta minutos, descobrimos um homem diferente, alegre, cheio de humor e de alegria de viver, cujas dificuldades da vida não o tinham tornado nem inquieto nem angustiado. Um siciliano iluminista, do século das luzes, tão diferente do

---

[1] *Les Dernières Annés de la Mafia*, Ed. Gallimard, França, 1987.
[2] *Les ennemis de la Mafia*, Claude Goretta, Canal +, França, 1987.

século de loucuras em que vivemos. Um homem extremamente tímido, que evitava assuntos pessoais ao longo da conversa.

Aos poucos, eu também aprendi a me expressar numa espécie de linguagem codificada, a interpretar as inflexões da voz, a não perguntar e, sobretudo, a nunca falar demais. Assim como Falcone fazia com os presumíveis mafiosos. Exatamente como os mafiosos entre si, eles que vivem decifrando sinais no seu trabalho diário. É uma atividade intelectual apaixonante, que demonstra a inutilidade de longas divagações e encoraja a economizar palavras: a palavra adquire certa densidade para ter valor correspondente a uma atitude mais exibicionista.

Estamos certos de que Giovanni Falcone não nos queria dar uma lição? Durante as vinte entrevistas que formam a estrutura deste livro, a solidão desse magistrado fora do comum me pareceu ainda mais evidente do que a que sentia em Palermo. Mas ele jamais abandonou a certeza da vitória final. A opacidade de um grande ministério, as lógicas da política *politiqueira* e o maquiavelismo dos *palácios* romanos não o desviaram de sua ideia fixa: o Estado tem os meios para derrotar a máfia.

Ainda hoje, Falcone representa uma anomalia no panorama da magistratura italiana. Era de família burguesa e conservadora, que vivia no Centro de Palermo: pai funcionário da Província, mãe muito religiosa, que o fez participar da vida da igreja. Desde pequeno ajudava na missa. Adulto, alimenta respeitosa nostalgia pela fé. Adolescente, apaixonou-se pela canoagem, antes de questionar-se sobre o próprio futuro: seria médico ou juiz? Naquele período, entusiasmou-se por um texto cheio de retórica, de Giuseppe Mazzini, que diz mais ou menos: "A vida é uma missão, e os deveres são a sua lei suprema."

Quando falava do pai, Falcone destacava sua grande austeridade: "Vangloriava-se de nunca ter colocado os pés em um bar ao longo da vida."

Afastada a Medicina, Falcone pensou em seguir carreira na Marinha; inscreveu-se na academia naval e, ao mesmo tempo, na faculdade de Direito da Universidade de Palermo. No final, o Direito levou a melhor, e, em 1964, Falcone foi aprovado no concurso para a magistratura. Relembrava os sentimentos que experimentara e que em certa medida mantinham-se os mesmos naqueles dias: "Pertenço àquela categoria de pessoas que consideram que cada ação deve ser levada até o fim. Nunca me perguntei se devia ou não enfrentar um determinado problema, mas apenas como o enfrentaria."

Alimentado por princípios espartanos, não poderia contentar-se com o Direito Civil, ao qual se dedicou nos primeiros anos de sua carreira. A sua vocação era pela área penal. Ou melhor: pelo processo contra a máfia. E como poderia ser diferente, na Sicília, para quem é coerente consigo? De passagem por Palermo, os jornalistas procuraram muitas vezes descobrir como vivia, qual era a intensidade do seu medo diário, se a proximidade do perigo causava-lhe angústia. Falcone respondeu-lhes sempre com serenidade: "O pensamento da morte me acompanha em todo lugar. Mas, como disse Montaigne, transforma-se logo numa segunda força. Sem dúvida, está em quem vive, calcula, observa. A gente se organiza, evita hábitos repetitivos, fica-se distante de aglomerações e de qualquer situação que não possa ser mantida sob controle. Mas também se adquire uma boa dose de fatalismo; no fundo, morre-se por muitos motivos: um acidente na estrada, um avião que explode no ar, uma overdose, câncer e até por nenhuma razão!"

A ironia a respeito da morte faz parte da herança cultural siciliana. Leonardo Sciascia era mestre nisso. Por sua vez, Falcone contava com certa dose de satisfação as piadas do tempo do maxiprocesso: "Meu colega Paolo Borsellino veio à minha casa. 'Giovanni', me disse, 'precisa me dar imediatamente a combinação do cofre do seu escritório.' Perguntei: 'E por quê?' E ele me disse: 'Senão, quando te trucidarem, como vamos abri-lo?" E ainda sorriu quando relembrou as úmidas tardes abafadas passadas com os colegas do pool antimáfia, escrevendo seus truculentos necrológios para serem publicados no *Jornal da Sicília*.

Falcone se tornaria um juiz exemplar, um servidor do Estado que partia do princípio que o Estado deve ser respeitado – não um Estado ideal e imaginário, mas este Estado, assim como é. Paradoxalmente, procurando apenas aplicar a lei, transformou-se num personagem inoportuno, um juiz que perturbava, um herói incômodo. Dotado de uma extraordinária capacidade de trabalho e de memória de elefante, soube utilizar a polícia de forma inteligente, e organizou a sua própria segurança pessoal. Cercou-se de pessoas qualificadas. Mostrou-se rigoroso ao extremo no exercício do seu trabalho de investigador: sem jamais atingir objetivos indefinidos; sem jamais embarcar em alguma iniciativa da qual não estivesse certo de seu sucesso; sem jamais entrar em polêmicas pessoais com um suposto mafioso. As operações *Pizza Connection*, *Iron Tower* e *Pilgrim*, conduzidas em conjunto com investigadores americanos, depois a obra-prima que foi o maxiprocesso, de 1986, passaram à história como exemplos do *Método Falcone*.

Pode-se tentar reconstruir as relações entre esse juiz pragmático, alheio a qualquer abstração ideológica, cuidadoso no respeito às normas, prático e reservado, seja com um chefão mafioso ou com um *arrependido* submetido ao seu insistente interrogatório. Insolentes ou fazendo-se de vítimas, fechados num persistente silêncio, ou violentamente contestadores, Falcone se opôs a eles com calma e segurança inabaláveis. Nada de olhares de compreensão, nada de relacionamento informal, muito menos insultos: deviam dar-se conta de que estavam diante do Estado. "Durante o interrogatório de Michele Greco, o *capo* da Cosa Nostra em Palermo, de vez em quando dizíamos um para o outro: 'Olhe nos meus olhos!', porque ambos sabíamos a importância de um olhar que se segue a certo tipo de afirmação."

Esta era a carta na manga de Falcone: era siciliano, aliás – ou melhor –, palermitano; passou toda a vida imerso na difusa cultura mafiosa, como outro siciliano qualquer e como qualquer mafioso; conhecia perfeitamente o léxico das pequenas coisas, dos detalhes, dos gestos e dos meios que às vezes substituem as palavras. Sabia que cada particularidade no mundo da Cosa Nostra tinha um significado preciso, relacionava-se com um desenho lógico, sabia que na nossa sociedade de consumo, na qual os valores tendem a desaparecer, podia-se pensar que as rígidas regras da máfia oferecessem uma solução, uma escapatória aparentemente digna, e como resultado aprendeu a respeitar os seus interlocutores, ainda que fossem criminosos.

Algumas vezes descobriu neles uma humanidade insuspeita: "Que entusiasmo, que senso de consideração quando somos saudados pelos *arrependidos* Buscetta, Mannoia, Calderone." O próprio Calderone declarou aos jornais: "Colaborei com Falcone porque ele é um *homem de honra*." Partindo da Itália com destino ignorado, numa tentativa de fugir de uma infalível vingança da Cosa Nostra, após as confissões entregues à magistratura, Calderone fez chegar a ele esta insólita carta: "Senhor juiz, não tive tempo de lhe dizer adeus. Quero dizê-lo agora. Espero que continue a sua luta contra a máfia com o espírito de sempre. Procurei dar-lhe a minha modesta contribuição, sem ressalvas e sem mentiras. Mais uma vez sou obrigado a emigrar, e não creio que volte mais à Itália. Acredito que tenho direito de refazer minha vida, e na Itália isso não é possível. Com a máxima estima, Antonino Calderone."

Giovanni Falcone estava encantado pela máfia? Na realidade, foi o único magistrado que se ocupou continuamente e com absoluto compromisso daquele específico problema conhecido como Cosa Nostra. Foi o único em condição de compreender e explicar por que a máfia siciliana constituía um mundo lógico, mais racional e implacável. Mais lógico, mais funcional e mais implacável que o Estado. Mas Falcone levou o paradoxo para um ponto ainda mais distante: diante da incapacidade e da falta de responsabilidade do governo, foi preciso assegurar a defesa de certos mafiosos contra o Estado, sobretudo dos *arrependidos*, vítimas de vinganças transversais. A Cosa Nostra matou seus pais, mães, parentes e amigos por terem quebrado o silêncio, e eles tiveram que esperar por uma lei de 1991 que os beneficiaria com um programa de proteção oficial, pois tinham direito de viver. Falcone, portanto, foi atingido por encontrar-se do outro lado da barricada, ao lado de mafiosos e ex-mafiosos, contra a crueldade do Estado.

Eis aí a situação desse magistrado singular: melhor do que qualquer outro podia combater a máfia porque a conhecia e a compreendia. Mas é muito estranho que um fanático pelo Estado como ele se encantasse pela Cosa Nostra, exatamente por aquilo que ela representa para a racionalidade estatal.

A máfia sistema de poder, articulação do poder, metáfora do poder, patologia do poder. A máfia que se torna Estado onde o Estado tragicamente se faz ausente. A máfia sistema econômico, desde sempre envolvida em atividades ilícitas e lucrativas que podem ser exploradas metodicamente. A máfia organização criminal, que usa e abusa dos tradicionais valores sicilianos. A máfia que, num mundo onde o conceito de cidadania tende a se diluir, enquanto a lógica da posse tende a tornar-se mais forte, onde o cidadão, com seus direitos e deveres, cede passagem ao clã, à clientela, portanto, apresenta-se como uma organização de futuro garantido.

Sem nenhuma dúvida, o conteúdo político das suas ações faz dela uma solução alternativa ao sistema democrático. Mas quantos são aqueles que hoje se dão conta do perigo que ela representa para a democracia?

Advertência

As vinte entrevistas que fiz com o juiz Falcone, entre março e junho de 1991, estão reunidas em seis capítulos, dispostos como círculos concêntricos, em torno do coração da questão-máfia: o Estado.

O primeiro círculo trata da violência, a manifestação mais tangível da Cosa Nostra. O segundo, das mensagens e dos mensageiros da organização. O terceiro, das inúmeras ligações entre a maneira de viver siciliana e a máfia. O quarto, da organização como tal. O quinto, da sua razão de ser: o lucro. O sexto é dedicado à sua essência: o poder. Pareceu-me que essa abordagem gradual, que vai do perceptível ao oculto, transmitiria o sentido essencial das minhas conversas com Falcone.

Tentei passar, todavia, o tom do testemunho direto de um dos heróis do combate à máfia. Este livro não pretende ser a síntese de tudo o que se sabe sobre a máfia, nem de tudo que Falcone sabia da máfia, mas de "certo número de coisas" que ele contou sobre esta coisa incrível chamada Cosa Nostra.

MARCELLE PADOVANI

I – VIOLÊNCIA

A Cosa Nostra tem à sua disposição um arsenal completo de instrumentos de morte. No fracassado atentado de 21 de junho de 1989, na villa que havia alugado em Addaura, próximo a Palermo, foram colocados cinquenta bananas de explosivo entre os rochedos.

A *lupara* já está fora de moda. A famosa espingarda com canos cortados que assinava os delitos mafiosos, essa arma artesanal de inconfundível caráter rural, é cada vez menos adequada às exigências da máfia moderna. Hoje, geralmente preferem as armas de cano curto, o calibre 38 e a Magnum 357, com balas estilhaçantes. Para atentados mais difíceis e complexos, o melhor são as armas de cano longo e de fabricação estrangeira, o Kalashnikov, as bazucas, o fuzil lança-granadas. Para não falar dos explosivos, usados não só na minha casa, mas também, em 1983, para assassinar o juiz Rocco Chinnici, varrido por uma explosão telecomandada de um automóvel recheado de potente explosivo.

A Cosa Nostra acompanha a evolução dos tempos, inclusive nas técnicas de assassinato. Serve-se de armas sempre mais sofisticadas, o que comprova o perigoso nível de agressividade que alcançou.

O exame das armas pode fornecer informações preciosas. A partir da investigação sobre a eliminação de dois *capi* mafiosos – Stefano Bontate, morto a tiros de espingarda e de Kalashnikov, e Salvatore Inzerillo, com Kalashnikov –; de um atentado, sempre com Kalashnikov, contra Salvatore Contorno; seguido de dois assassinatos sucessivos, o do mafioso de Catânia, Alfio Ferlito, e do prefeito de Palermo, Carlo Alberto Dalla Chiesa, também com Kalashnikov, chegamos juntos a conclusão que uma única metralhadora, sempre a mesma, foi a arma dos cinco crimes; e que para os dois últimos episódios criminosos houve também uma segunda arma – confirmando que dois grupos se enfrentavam nessa nova guerra da máfia –, e que os vencedores tinham também assassinado Dalla Chiesa.

É evidente a importância que uma descoberta desse tipo tem para as nossas investigações, para o processo, para a compreensão daquilo que acontecia naquele momento no interior da máfia, onde a *omertà**, a lei do silêncio, continua sendo a regra. Estava confirmada a unidade da Cosa Nostra.

As armas utilizadas revelam numerosos segredos sobre a Organização mafiosa, o tráfico ilícito, as ligações interna-

---

* Omertà – Lei do silêncio; nas áreas em que o crime organizado é muito difuso, é uma atitude comum entre cúmplices, que não falam sobre seus crimes nem comprometem seus comparsas, recusando-se a colaborar com a justiça, dificultando as investigações e preservando os próprios interesses do grupo. (N. do T.)

cionais. Mas a máfia, além das armas de fogo, serve-se de outros meios, por exemplo, do veneno?

Durante a *grande guerra*[3] de 1981-83, Rosario Riccobono, um mafioso importante e membro da *famiglia* Partanna Mondello, desapareceu repentinamente. Era novembro de 1982. Consigo arrastou para o cemitério umas vinte pessoas, o seu estado-maior – ou se preferir –, a sua corte. Nas rodas da Cosa Nostra foi chamado de "O terrorista", porque era capaz das atrocidades mais cruéis. Logo que morreu, a polícia apareceu para intervir: esses vinte mafiosos – dizia-se – teriam sido envenenados juntos durante um banquete, e poderia ter sido Tommaso Buscetta quem os fez cair na emboscada.

A lenda do banquete envenenado prosseguiu até 1984, quando encontrei Tommaso Buscetta, o *superarrependido* – segundo a terminologia em uso –, e lhe perguntei: "Como é essa história dos vinte mortos que o senhor teria envenenado?" Buscetta sorriu distraído: "Mas o senhor acredita de verdade que os mafiosos são tão ingênuos assim? Acredita de verdade que um *capo* como Riccobono leve a um encontro todo o seu estado-maior?" Naturalmente, era tudo inverossímil. A tradicional desconfiança dos membros da máfia era bem conhecida e a guerra dela não permitia leviandades.

---

[3] Trata-se do segundo grande conflito generalizado no interior da Cosa Nostra entre duas facções rivais. Uma chefiada pelos corleoneses, outra pelo palermitano Stefano Bontate. A primeira guerra aconteceu em 1962-63.

Pouco depois, de fato, entendeu-se que Riccobono e os seus homens tinham sido eliminados um após o outro, quase simultaneamente pelos corleoneses e seus aliados para golpear definitivamente a organização e evitar, ao mesmo tempo, possíveis reações dos sobreviventes. Só um dos irmãos Micalizzi conseguiu escapar: Michele, que escapou do atentado ao Bar Singapura 2. Três deixaram a pele lá, mas Michele conseguiu escapar e, pelo que sei, continua vivo e está entre os "escapados", os que fugiram da vingança dos vencedores[4].

Tudo isso para dizer que os mafiosos não são como os Borgia, e que normalmente não utilizam o veneno como arma. Talvez nos cárceres, e também somente lá porque não têm muitos outros meios à disposição.

Ainda a propósito de Riccobono, quero destacar a crueldade dos corleoneses[5] e de seus aliados, que antes de tudo conseguiram organizar essa chacina simultânea e violenta e em seguida agiram de modo que ela fosse atribuída a Tommaso Buscetta. Os corleoneses sempre tiveram um talento especial para jogar nos ombros dos "parentes" da *famiglia* e atribuir aos amigos das vítimas a responsabilidade de seu desaparecimento. Assim, a polícia seguiu a pista de Buscetta, amigo de Badalamenti e de Inzerillo e, portanto, de Riccobono...

---

[4] Durante essa guerra, as alianças no interior da Cosa Nostra cortaram transversalmente as famílias mafiosas. Não se tratava, como na guerra anterior, de uma luta entre famílias rivais. Os perdedores foram perseguidos, mortos ou obrigados a fugir.

[5] Nessa época, os corleoneses eram a família chefiada por Luciano Leggio, que ao ser preso foi substituído na função por Salvatore "Totó" Riina e Bernardo Provenzano.

No geral, considera-se que a máfia privilegia certas técnicas de homicídio em relação a outras. É um erro. Ela sempre escolhe a forma mais rápida e menos arriscada. Esta é a sua única regra. Não há nenhuma preferência ou fetiche por uma técnica ou por outra.

O melhor método continua sendo a *lupara bianca*, a morte pura e simples da vítima escolhida, sem deixar traços do cadáver e nenhum sangue. É uma realidade que deixa estupefato qualquer um que tenha visto um filme sobre a máfia, no qual não economizam os rios de sangue. Repito, quando pode, a máfia prefere as operações discretas, que não chamam a atenção. Eis a razão pela qual o estrangulamento se afirmou como a principal técnica de homicídio da Cosa Nostra. Nada de tiros, nada de barulho. Depois de estrangulada, a vítima é dissolvida em um barril de ácido, em seguida esvaziado num poço, num canal de escoamento, ou num lixo qualquer.

O raciocínio dos mafiosos é lógico e simples: se considerarmos que atrair alguém a uma emboscada, marcando encontro numa garagem, numa casa de campo ou numa grande loja de departamentos –, vencer a resistência e as suspeitas não é fácil –, por que correr o risco de colocar em alerta todos que estão próximos usando uma pistola? Muito melhor o estrangulamento: nem barulho, nem sujeira, nem pistas. Claro que são necessários três ou quatro para fazer bem o serviço. O *arrependido* Francesco Marino Mannoia me disse: "Faz ideia da força necessária para estrangular um homem?

Faz ideia de que pode levar uns dez minutos, e que a vítima se solta, morde, dá chutes? Alguns até conseguem sair da gravata. Ao menos são homicídios profissionais."

Portanto, todas as técnicas são boas, desde que não causem problemas demais. Tem-se fantasiado muito a respeito do *incaprettamento*, no qual pulsos e tornozelos são presos às costas, ao mesmo tempo passando-se a corda em torno do pescoço, de modo que, tentando desvincular-se, a própria vítima se enforca. Tem-se floreado muito sobre essa prática, sustentando-se que se trata de um suplício reservado aos "desonrados". Mas, na realidade, o motivo é muito mais banal: trata-se de uma forma de facilitar o transporte do cadáver que, assim amarrado, pode ser levado sem dificuldade no porta-malas de um carro. Outro exemplo do pragmatismo da Cosa Nostra...

Não faltam casos em que o tipo de assassinato e a modalidade da execução indiquem suas razões e suas motivações. O cantor Pino Marchese foi encontrado com os genitais na boca. Segundo alguns, ele se sujou por uma quebra de regra imperdoável: tinha tido uma aventura com a mulher de um *homem de honra*. Pietro Inzerillo, irmão de Salvatore, foi encontrado na mala de um automóvel, em Nova York, com maços de cheques de grande valor enfiados na boca e entre a genitália. Mensagem: "Quis *mamar* dinheiro demais, e eis como se encontra."

Contudo, esses argumentos valem somente para quem pertence à Cosa Nostra, não para os outros. A máfia não é um órgão de informação nem uma agência de notícias, nem uma instituição moral ou religiosa; quer simplesmente fazer chegar sua mensagem a quem de direito, em geral aos *homens de honra*.

Disso pode-se deduzir outro princípio: na organização, violência e crueldade não são nunca gratuitas, representam sempre uma atitude extrema, a última saída quando todas as outras formas de intimidação são ineficazes ou quando a gravidade da quebra de uma norma, uma infração, é tanta que só pode merecer a morte.

Perguntam-me frequentemente se um *homem de honra* pode escolher não matar alguém. A minha resposta é não. O único que me confessou ter tido dúvida antes de cometer um homicídio foi o *arrependido* Vincenzo Sinagra; mas ele não era membro da Cosa Nostra, contentava-se por gravitar na sua órbita.

Ninguém pode se permitir a não obedecer a uma ordem da *Commissione*[*] ou do *capo della famiglia*[6]. Sim, segundo Buscetta, houve um que desobedeceu, um grande chefão, Antonino Salamone. Um grande ladrão, o Antonino. Sessen-

---

[*] *Commissione* ou Comissão – é o órgão colegiado de comando superior da Cosa Nostra, sua autoridade máxima. Também responsável por todas as atividades da organização na área da província de Palermo, capital da Sicília, onde não existe a figura do representante da província. (N. do T.)

[6] O chefe da família (*Capo della famiglia*) ou representante é o chefe de uma célula-base da organização e controla uma fração do território. Para assuntos que não se relacionam com o território da família, existe uma autoridade superior, o representante da província, exceto na província de Palermo, onde a autoridade é a Comissão.

tão, foi *capo della famiglia* de San Giuseppe Iato e seu *capo* de comando. Há tempos residente no Brasil, as suas funções no seio da *famiglia* eram tomadas pelo seu vice, Bernardo Brusca. Antonino Salamone era ligadíssimo a Buscetta. E então, decidida a eliminação de Buscetta, o que a Cosa Nostra faz? Volta-se para Salamone por ele ser o mais indicado, já que era íntimo da vítima designada.

Estávamos em janeiro de 1982. Alguns *homens de honra* telefonaram a Don Antonino, em São Paulo, para comunicar-lhe, em nome da Comissão, a ordem para eliminar Buscetta. Salamone pensou um instante e marcou um encontro em Paris para discutir o problema com Alfredo Bono, indicado por muitos *arrependidos* como *homem de honra* do primeiro escalão. Porém, enquanto Bono o esperava na capital francesa, ele foi à Calábria encontrar-se com Don Stilo[7], um padre processado por pertencer à 'Ndrangheta. Em Africo fez-se ser preso por um suboficial dos *carabinieri*, ao qual recomendou: "Sargento, não diga que me entreguei, diga que me prendeu. O senhor fará um belo papel."

Salamone era procurado na Itália por ser foragido da justiça, crime leve, em função do qual o Brasil havia negado a sua extradição. Dirigiu-se à Itália com a intenção precisa de ser preso e ter uma desculpa para não executar a ordem

---

[7] Don Stilo foi absolvido do delito de associação mafiosa, por não ter cometido o fato perpetrado, pelo Tribunal de Apelação de Catanzaro, conforme sentença de 31/5/1989.

da Cosa Nostra. E isso enquanto uma personagem do primeiro escalão o esperava em Paris.

Buscetta, por sua vez um indivíduo extremamente enigmático, falou a respeito de Salamone: "É uma esfinge. Ninguém consegue entender o que ele pensa. É muito sutil."

Seja como for, é um dos pouquíssimos *homens de honra* que conseguiram desobedecer a uma ordem da Cosa Nostra e salvar a pele. De qualquer maneira, é fato que, uma vez decretada sua prisão domiciliar pelo Tribunal do Júri, tratou de se afastar logo, sinal evidente de que temia mais a Cosa Nostra do que a justiça italiana.

Há outro exemplo, embora de menor relevância, de desobediência às ordens. Quem conta isto é o *arrependido* Antonino Calderone. Depois do assassinato de Turi Coppola, na Catânia, os *homens de honra* temiam a reação do seu irmão, Pippo, naquele momento detido. Então, estudaram uma estratégica para permitir que seu companheiro de cela, Luigi D'Aquino, o eliminasse preventivamente, digamos assim. Mas D'Aquino não se convenceu que essa operação seria necessária e colocou em prática um expediente engenhoso que lhe permitiria evitar cumprir a ordem. Colocou uma pequena quantidade de veneno numa garrafa de Coca-Cola. Muitos detentos, entre os quais Pippo Coppola e o próprio D'Aquino, beberam o conteúdo e acusaram sintomas de envenenamento. Mas não a ponto de morrer.

D'Aquino tinha, de certa forma, obedecido às ordens da Cosa Nostra. Sem matar ninguém e pagando o preço da desobediência com uma leve intoxicação. De que poderiam acusá-lo?

Entretanto, em noventa e nove por cento dos casos em que um *homem de honra* recebe ordem para matar, não há outra escolha senão obedecer. Se deve matar, mate. Sem se questionar e sem fazer perguntas. Sem transparecer incertezas e, sobretudo, sem tê-las. Sem manifestar compaixão. Quem hesita diante da necessidade de matar é um homem morto.

No interior de uma organização como a Cosa Nostra se julgam as coisas de maneira diferente do mundo externo. Aquilo que nos causa horror nos casos de morte violenta, como a de juízes e de simples cidadãos – a eliminação de um homem pelas mãos do seu melhor amigo, o estrangulamento de um irmão por outro irmão – não causa a mesma reação num *homem de honra*.

O *capo* Pietro Marchese foi degolado no cárcere, como um animal, por ordem do cunhado, Filippo Marchese, mas pelas mãos de cinco detentos estranhos à *famiglia*. Lembro que o *arrependido* Salvatore Contorno, ao deplorar o fato que Filippo Marchese não tivesse executado pessoalmente a sentença, disse o seguinte: "Somente eu posso colocar as mãos no meu sangue..." Estranha, essa interpretação do conceito de honra que não delega a ninguém a tarefa de matar quem pertence ao próprio sangue!

Para os *homens de honra* o que conta é a coragem demonstrada pelo matador, o seu profissionalismo. Quanto mais sanguinária, impiedosa e cruel a execução se mostrar aos nossos olhos de simples cidadãos, mais orgulhoso poderá andar o *homem de honra* e tanto mais será exaltado o seu valor no interior da organização. A Cosa Nostra se fundamenta na regra da obediência. Quem sabe obedecer, executando as ordens sem causar problemas, tem carreira assegurada.

De fato é praxe, sobretudo nos últimos anos, que os *capi* participem pessoalmente de ações particularmente perigosas ou importantes: aumenta o seu prestígio. Quase todos os membros da Comissão tomaram parte pessoalmente do assassinato do comissário Ninni Cassarà, em 6 de agosto de 1985, mas não por sadismo ou crueldade gratuita.

Jornais, livros, filmes falam muito sobre a crueldade da máfia. Certamente ela existe, mas não é um fim em si. Quem se mancha por uma atrocidade gratuita provoca repulsa na organização. Como aconteceu com Pino Grecco, apelidado Sapatinho[8], que – segundo contam Buscetta e outros – cortou o braço direito do jovem Inzerillo, de 16 anos, por ter expressado intenção de vingar seu pai. Em seguida, matou-o com um tiro de revólver na cabeça.

Em geral, participar de uma ação violenta obedece a uma lógica rigorosa, que faz a Cosa Nostra ser a organização temida que é. Frequentemente destaco esse conceito, porque somente enfrentando a máfia pelo que ela é – uma associação criminosa, séria e perfeitamente organizada –

---

[8] Scarpazzedda (sapatinho) foi o apelido dado a ele pelo fato de o seu pai ser sapateiro e ser chamado de Scarpazza (sapatão).

estaremos em condição de combatê-la. As manifestações mais repugnantes, aquelas que sujam as mãos e parecem inutilmente cruéis ao cidadão comum, não são nunca executadas impulsivamente, mas somente pelo senso do dever. Por isso, o *homem de honra* não pode se dar ao luxo de ter dúvidas sobre as modalidades de um homicídio. Ou está em condições de eliminar a vítima designada com o máximo de eficiência e profissionalismo, ou não está. Não há saída.

Lembro-me de uma história que o *arrependido* Antonino Calderone me contou. Digna daqueles filmes americanos exageradamente dramáticos. Corria o ano de 1976: era preciso eliminar dois integrantes do clã dos Cursoti, da Catânia, que se tornaram muito desconfiados e apreensivos, um tal Marietto e um outro conhecido como Cientista.

Marietto estava ao volante do seu carro, sentado ao seu lado, Turi Palermo; atrás estavam o Cientista e Salvatore Lanzafame. Durante o trajeto, falava-se de pistolas e Marietto disse que gostaria de presentear Lanzafame com uma. Este agradeceu e disse que ele deveria presenteá-lo com uma arma igual àquela que Turi Palermo possuía, a quem pediu para mostrá-la. Mas, assim que recebeu a arma, disparou contra Marietto, matando-o com um só tiro. Palermo tomou o volante, parou o carro à beira da estrada, tirou o cadáver do banco à direita e assumiu a direção. O Cientista, sob ameaça da arma de Lanzafame, nem piscava: se ficasse calmo poderia salvar sua vida. Chegaram ao local de encontro com Calderone e com outro *homem de honra*. O Cientista, perturbado com o assassinato de seu companheiro, pediu para ser deixado num local que conhecia bem, para voltar para a Catânia. Mas ninguém lhe deu atenção e os dois carros – um com o cadáver de Marietto – seguiram por uma estrada poeirenta em direção a uma casa colonial. Era quase noite. Enquanto os dois *homens de honra* ocupavam-se do morto, os outros dois agarraram brutalmente o Cientista e o estrangularam. Em seguida, os cadáveres foram jogados no mesmo poço. Um episódio terrível que revela a habilidade, a frieza e a astúcia necessárias para se aproximar da vítima e executar as ordens.

Além da crueldade gratuita da Cosa Nostra, eu gostaria de esclarecer outro lugar-comum, muito divulgado e até mesmo exaltado por certo tipo de literatura. Trata-se dos chamados rituais da morte. É comum pensar que existe uma espécie de hierarquia das punições com base na gravidade das faltas cometidas, e uma classificação da violência segundo o nível de periculosidade que a futura vítima apresenta. É um erro.

Não há dúvida, por exemplo, de que um mafioso, quando quer intimidar uma construtora, começa fazendo ir pelos ares uma escavadeira. Sendo uma empresa de limpeza urbana, tocará fogo num caminhão. Mas, se depois de discutido com o *capo di famiglia* for preciso eliminar alguém – um inimigo, um rival, um concorrente – o mafioso terá diante de si somente uma possibilidade. Se tiver condições de se aproximar da vítima – amigo ou conhecido –, o golpeará de surpresa, fazendo o cadáver desaparecer em seguida (a melhor solução, porque deixará dúvida sobre o autor do assassinato e o destino da vítima). Se, ao contrário, não tiver como se aproximar da vítima, caberá a ele encontrar a melhor maneira para eliminá-la, expondo-se ao menor risco possível. O camicase não é um modelo em voga entre membros da Cosa Nostra. Um *homem de honra* deve fazer seu trabalho sem se arriscar ou colocar em risco a sua *famiglia*; o fascínio mórbido pelo suicídio ou pelo próprio sacrifício não faz parte da sua bagagem cultural.

Como eu disse, o principal problema para quem recebe ordem para matar ou sinal verde, em certo sentido, é colocar-se em contato, aproximar-se da vítima. Não é fácil: nos sicilianos, e ainda mais os mafiosos, o perigo sempre iminente aguça sua percepção; são desconfiados por natureza.

Exemplo: o mafioso Michele Cavataio, um dos personagens-chave da primeira guerra da máfia, tinha feito crer que os irmãos La Barbera, da *famiglia* de Palermo-centro, fossem os responsáveis por numerosos homicídios no interior da organização, ocorridos entre 1962 e 1963, enquanto ele próprio tinha sido o autor. Portanto, foi um dos responsáveis por aquela primeira guerra, que havia causado tamanha repressão policial que a Cosa Nostra se viu obrigada a dissolver a Comissão que a governava. Com a calmaria, decidiram reconstituir a Comissão, mas com novos membros.

É claro que Cavataio queria fazer parte dela, enquanto os *capi* da organização começavam a perceber as suas responsabilidades. O triunvirato[9], na época ao comando da máfia, reuniu-se e decidiu que Cavataio não devia fazer parte do futuro governo porque não era confiável, e que devia ser eliminado, por ser o principal responsável pela guerra. Mas para atingir esse objetivo era preciso aproximar-se dele e, então, fingir que a paz estava selada. Isso significava que alguns *homens de honra* ficariam encarregados de fingir para ele, homem temível e extremamente desconfiado, que eram seus amigos.

A decisão não foi tomada facilmente, uma vez que Cavataio gozava de grande prestígio por sua coragem. Mas Stefano Bontate, *capo* da poderosa *famiglia* de Santa Maria de Jesus, levou a melhor: de fato, convenceu os outros dois membros do triunvirato de que, para evitar fugas e transtornos compreensíveis entre os *homens de honra* que admiravam Cavataio, a eliminação dele deveria ficar exclusivamente a cargo de membros das *famiglie* de Palermo. Em outras palavras, gente que ele, Bontate, conhecia e tinha sob controle. Essa estratégia de mão dupla – amizade e eliminação – teve sucesso fulminante: Michele Cavataio foi brutalmente assassinado em dezembro de 1969, numa emboscada que entrou para a história como a chacina da Avenida Lazio.

---

[9] De 1970 a 1974, a Comissão dissolvida foi substituída por um triunvirato provisório composto por Gaetano Badalamenti, Stefano Bontate e Luciano Leggio, por sua vez substituídos por Salvatore "Totó" Riina e, em seguida, Bernardo Provenzano.

Outros homicídios famosos demonstram o extraordinário pragmatismo e a capacidade de adaptação da Cosa Nostra, e confirmam, mais uma vez, que não existem categorias predeterminadas de reação aos diversos tipos de crime. Nem para os consumados internamente, nem para os externos.

Salvatore Inzerillo, valoroso *capo della famiglia* palermitana de Uditore, foi morto por uma rajada de Kalashnikov, em 1981, enquanto entrava no seu carro blindado. O comissário Ninni Cassarà, em 1985, foi cortado por uma rajada de metralhadoras enquanto subia os degraus que separavam seu carro blindado do portão de sua casa. Em 1983, o juiz Rocco Chinnici foi pelos ares com a explosão de um carro recheado de dinamite, estacionado em frente a sua casa. Em 1985, o comissário Beppe Montana morreu com um único tiro de pistola, disparado quando voltava de um passeio de barco. Estava desarmado.

Cada um foi atingido num momento do dia e num local em que pareciam mais vulneráveis. Somente considerações estratégicas e técnicas determinam o tipo de homicídio e de arma a serem empregados. Com uma pessoa que se locomove usando carro blindado, como Rocco Chinnici, é comum se recorrer a métodos espetaculares.

Sobre esse crime foi escrito: "Eles o eliminaram *à* libanesa para aterrorizar Palermo." Na realidade, eles o mataram da única forma possível, causando cinco mortes e destruindo uma dezena de automóveis, porque Chinnici era muito prudente e atento quando se tratava da sua segurança pessoal. Aprendemos a refletir de modo sereno e laico sobre os métodos da Cosa Nostra: antes de atacar, a organização sempre realiza um estudo sério e aprofundado. Por isso, é muito difícil pegar um mafioso com a mão na massa. Contam-se nos dedos de uma das mãos os que foram presos em flagrante delito: Agostino Badalamenti, por exemplo, surpreendido com uma pistola nas mãos, por algum tempo conseguiu fazer-se passar por louco, antes de ser condenado, já que sua mente era perfeitamente sã.

A violência interna na organização é a mais difícil de compreender. É realmente difícil pensar que de fato obedeça a uma lógica, que a máfia não tenha outro meio para restabelecer a ordem interna senão matar: quando recruta um covarde ou um mentiroso, quando entende que foi enganada sobre determinada mercadoria e coisas do gênero.

A Cosa Nostra é uma sociedade, uma organização jurídica a seu modo. Para ser respeitado e aplicado, seu regulamento necessita de mecanismos efetivos de sanção. Na medida em que não há nem tribunais nem forças policiais no interior do Estado-máfia, é indispensável que qualquer dos seus "cidadãos" saibam que o castigo é inevitável e que a sentença será executada imediatamente. Quem viola as regras pagará com a vida.

Para os magistrados e para quem é responsável pela repressão em geral, as manifestações episódicas de violência mafiosa causam um interesse suplementar, uma vez que são indícios do estado de saúde da organização e do grau de controle que exerce sobre o território.

Fizemos grande progresso na interpretação desses fenômenos que nos pareciam encobertos pelo mistério, e que a imprensa definia como "enfrentamento entre quadrilhas rivais". Compreendemos que a "seara vermelha", como dizia Dashiell Hammett, que emporcalha de sangue as ruas sicilianas, frequentemente é indício de conflito entre uma *famiglia* da Cosa Nostra que controla o território e outra que não faz parte da organização, mas tenta impor-se. Acontecimentos que causam um bom número de morte e destruição.

O que ocorreu em Gela, no Sul da Sicília, foi ainda mais instrutivo: 45 mortes em poucos meses. Seguramente era um sinal de que a presença da Cosa Nostra naquele lugar ainda não estava totalmente consolidada. Quando cessou a chacina, isso significou que a Cosa Nostra tinha conseguido suplantar as organizações marginais e era a única a controlar as fontes de lucro, as empreitadas, as ajudas comunitárias e o tráfico local. Enquanto há mortes é sinal de que a situação está instável. E os indivíduos, vulneráveis. Depois...

Que não se pense que tudo é previsível e estabelecido para a eternidade no âmbito da Cosa Nostra. A máfia é composta de seres humanos, com as suas necessidades, desejos e comportamentos que evoluem com o tempo. Percebi sinais de irritação diante da dureza de certas regras. Constatei que homens como Buscetta, Mannoia e Calderone, tornando-se *arrependidos*, reivindicavam certa qualidade de vida, incompatível com os princípios mafiosos. Muitos mafiosos revelaram-se sensíveis ao consumismo. Alfredo Bono, condenado, mesmo tendo apelado quando era membro da *famiglia* de Bolognetta (Palermo), jogava regularmente nos cassinos e nas espeluncas clandestinas sempre que se encontrava no Norte, embora essa prática fosse reprovada pela Cosa Nostra; Gaetano Grado, da *famiglia* Santa Maria de Jesus, correu o risco de ser morto por seu *capo*, Stefano Bontate, porque, depois de ter participado do Massacre da Avenida Lazio (1969), foi para Milano divertir-se com as putas.

Quando Buscetta, para justificar o seu arrependimento, me disse que os seus companheiros tinham "violado as regras mais elementares da Cosa Nostra e com seu comportamento levaram a organização à ruína", tive a sensação de viver um grande momento, um momento histórico. Uma coisa que, no fundo do coração, esperava há muito tempo.

Devo dizer que desde menino respirei, dia após dia, os mesmos ares da máfia, da violência, das extorsões e dos assassinatos. Havia os grandes processos que sempre eram concluídos e não davam em nada. A minha cultura progressista me fazia ficar horrorizado diante da brutalidade, dos atentados e agressões; observava a Cosa Nostra como uma hidra de sete cabeças; qualquer coisa magmática, onipresente e invencível, responsável por tudo de mau no mundo. Tinha lido também Cesare Mori, o *prefeito de ferro*, enviado por Mussolini para dar o golpe final na organização mafiosa, e o sociólogo Henner Hess.

Na atmosfera daquele tempo, respirava-se também uma cultura institucional que negava a existência da máfia e rejeitava qualquer referência a ela. Tentar dar um nome aos males sociais sicilianos equivalia a render-se aos "ataques do Norte"! A confusão reinava absoluta. De um lado se dizia que "Tudo é máfia!". De outro, havia quem sustentava: "A máfia não existe!" Tudo isso, como disse Sciascia, num contexto de atentados, assassinatos e acontecimentos gravíssimos que marcaram a minha formação na juventude.

O massacre dos carabineiros de Ciaculli, em 1963; a Chacina da Avenida Lazio, em Palermo, 1969; a morte do jornalista Mauro de Mauro, em 1970; o assassinato do procurador da República Scaglione, em 1971; o "Processo dos 114", em Palermo, em 1974; a conclusão dos trabalhos da Comissão Antimáfia que, em 1976, fizeram esperar revelações depois completamente esvaziadas. Essa foi a atmosfera dos meus primeiros anos de magistratura.

Mas estou convencido de que, mesmo na época, quem queria compreender e tinha vontade de trabalhar poderia fazê-lo. Sempre soube que para conduzir um combate é preciso trabalhar muito, e eu não necessitava de aula particular para entender que a máfia era uma organização criminosa.

Realizei meus primeiros trabalhos em Trapani, como procurador substituto.

A máfia entrou de repente no raio dos meus interesses profissionais com um dos grandes processos do pós-guerra. Dez assassinatos e a máfia de Marsala atrás das grades. Indicaram-me um armário cheio de processos, dizendo-me: "Leia tudo!" Era novembro de 1967, pontuais como um relógio suíço, começaram a chegar para mim cartões com desenhos de caixões e cruzes. É algo que toca aos estreantes, mas não fiquei surpreso ou atingido por aquilo.

O mergulho imprevisto no universo da Cosa Nostra foi apaixonante, intenso e criativo. A minha curiosidade pela máfia, já forte, aumentou durante as investigações. Mas não era fácil ter uma visão unitária do fenômeno mafioso de Marsala ou Trapani. Então, em 1978, voltei para Palermo e, apesar de ter feito pedido de transferência para o Gabinete de Instruções, logo fui enviado para o Tribunal Falimentar. Fiquei ali somente um ano como juiz instrutor, antes de ser transferido ao grupo que tinha como *capo* o conselheiro Rocco Chinnici. Foram anos de trabalho brilhante.

Quando surgiu o primeiro *arrependido* – a pessoa que devia confirmar, do interior da organização, um certo número de elementos que tínhamos apreendido dos relatórios da polícia e carabineiros ou de outros depoimentos –, quando tínhamos esse homem nas mãos, carregávamos nas costas quatro anos de muito trabalho. Havíamos exercitado e estávamos instruídos sobre nossos próprios erros de interpretação, erros – fique logo bem claro – que não causaram danos irreparáveis às pessoas.

O nosso *arrependido*, Tommaso Buscetta, não tinha caído do céu. Quando, em julho de 1984, apareceu no horizonte já estávamos, portanto, preparados. No que me diz respeito, já havia instruído os processos de Spatola e Màfara. Conhecia a Cosa Nostra em suas grandes linhas. Estava em condições de compreender Buscetta e, portanto, pronto para interrogá-lo.

Antes dele, eu não tinha – não tínhamos – mais que uma visão superficial do fenômeno mafioso. Com ele, começamos a observá-lo por dentro. Forneceu-nos numerosas confirmações sobre a estrutura, sobre as técnicas de recrutamento, sobre as funções da Cosa Nostra. Sobretudo, deu-nos uma visão global, ampla, extensiva do fenômeno. Deu-nos uma chave de leitura essencial, uma linguagem, um código. Foi para nós como um professor de línguas que nos permitiria ir à casa dos turcos sem ter que falar por gestos.

Ousaria dizer que, quanto ao conteúdo de suas revelações, outros arrependidos tiveram uma importância talvez maior que Buscetta, mas só ele nos ensinou um método, qualquer coisa de decisivo, de grande densidade. Sem um método não se entende nada. Com Buscetta nos aproximamos da beira do precipício, onde ninguém ainda tinha conseguido se aventurar, porque qualquer desculpa era boa para recusar-se a ver, para minimizar, para arrancar os cabelos, complicar (inclusive os inquéritos), para negar o caráter unitário da Cosa Nostra. Alguns dos meus colegas, e também certos policiais que pretendiam ocupar-se da máfia, ainda hoje não leram parte do interrogatório de Buscetta! Em tom presunçoso, alguns me jogaram na cara o "teorema Buscetta"; ou melhor, o "teorema Falcone"!

Um pequeno exemplo para demonstrar a importância da interpretação da linguagem. Um empreiteiro de obras públicas, um tal Pino Aurelio, em 1989 dirigiu-se a um *capo* mafioso para obter a sua proteção; apesar disso, as suas escavadeiras continuavam a explodir. No final, conseguiu falar com outro mafioso, que o fez entender que tinha cometido um engano: "Quando se quer construir", sentenciou, "procura-se um arquiteto; quando se está doente, vai-se ao médico." Traduzindo: "Você fez contato com a pessoa errada."

Buscetta me forneceu as coordenadas que me permitiram estabelecer um método de trabalho. Resume-se em poucos conceitos: devemos nos conformar em ter que realizar investigações muito amplas; recolher o máximo de informações úteis e menos úteis; estabelecer as grandes questões no início para poder, depois, quando se estiver diante das peças do quebra-cabeça, construir uma estratégia.

Em 1979, o comissário de polícia Boris Giuliano foi morto porque realizava alguma investigação às cegas, sem dar-se conta do perigo que corria movendo-se sobre um terreno pouco conhecido. Explico melhor: perguntando com elevado profissionalismo a respeito de uma mala recheada com

500 mil dólares encontrada no aeroporto de Palermo, Giuliano soube que um certo senhor Giglio havia depositado 300 mil dólares em dinheiro na Caixa Econômica da cidade. Foi ao encontro do diretor do banco, Francesco lo Cocco, e perguntou-lhe: "Quem é esse Giglio?" Resposta: "Não sei." Giuliano acrescentou: "Avise-me se aparecer vivo."

Lo Cocco, como se descobriu depois, era primo-irmão de Stefano Bontate, *capo* da *famiglia* Santa Maria de Jesus, enquanto o senhor Giglio nunca existira. O próprio Lo Cocco havia feito o depósito na conta da *famiglia* Bontate. Por falta de informações o comissário Giuliano tinha entrado na toca do lobo para ver o que o lobo fazia. Sozinho, com profundo compromisso profissional e grande coragem, mas levantando uma ponta do véu que escondia uma realidade bem mais complexa.

Então concluí que precisava seguir com a máxima cautela e que deveria verificar a cada passo a fronteira entre o conhecido e o desconhecido, e nunca esperar que os outros possam completar nossas lacunas.

A partir do processo Spatola, de 1979, que instruí sozinho, passamos a proceder de forma sistemática, procurando avançar sobre terrenos seguros e sob controle. Na época, todos falavam de enormes quantidades de droga que partiam da Sicília em direção aos Estados Unidos. Então, eu disse para mim: "Se venderam droga na América do Norte, ficaram traços das operações realizadas nos bancos da Sicília." Assim, tiveram início as primeiras investigações bancárias, proveitosas para o processo Spatola como para os outros. Acumular dados, informações e fatos até a cabeça explodir, permite avaliar racional e serenamente os elementos necessários para sustentar uma acusação. O resto são fofocas, hipóteses de trabalho, suposições, simples divagações. Não as ignoro, mas sei que não têm verdadeira importância. A essas fantasias prefiro a necessária atitude dos contadores militares americanos, que avaliavam diariamente a gravidade dos danos impostos e sofridos na Guerra do Golfo.

Além de me ter ensinado uma linguagem e um código de interpretação, Buscetta me colocou diante de uma questão decisiva. Fez-me compreender que o Estado ainda não está à altura de enfrentar um fenômeno de tamanha amplitude. Com muita franqueza me disse: "Direi ao senhor o necessário para que obtenha alguns resultados positivos; todavia, sem que eu deva me submeter a um processo inútil. Confio no senhor, juiz Falcone, como confio no vice-chefe de polícia Gianni De Gennaro. Mas não confio em mais ninguém. Não acredito que o Estado italiano tenha verdadeiramente intenção de combater a máfia." E acrescentou: "Quero avisá-lo, senhor juiz. Depois deste interrogatório o senhor se tornará uma celebridade. Mas tratarão de destruí-lo física e profissionalmente. E comigo farão o mesmo. Não esqueça que a conta aberta com a Cosa Nostra não se encerrará nunca. Quer mesmo me interrogar?" Assim teve início a sua colaboração.

Mesmo durante aquele período fecundo, sempre evitei confundir hipóteses de trabalho com a realidade. Sempre soube que muitas delas, embora merecedoras de serem exploradas, estavam totalmente fora das minhas possibilidades e das forças a minha disposição. Sempre evitei tomar iniciativas que não tivessem razoáveis possibilidades de sucesso.

Ocupar-se de investigações sobre a máfia significa avançar sobre um terreno minado: nunca se deve dar um passo sem estar seguro de que pisará sobre uma mina "anti-homem". O princípio é válido para todas as instruções que se avizinham mais ou menos do crime organizado, ainda mais para uma pessoa como eu, no momento em que me aventurava numa terra ainda quase virgem e sob fogo cruzado de amigos e inimigos, inclusive no interior da magistratura. Os meus colegas sustentavam que eu sofria de vis *attractiva*; para eles, em resumo, eu queria avocar todos os processos da Itália. Um alto magistrado fez esta sugestão ao meu chefe, Rocco Chinnici: "Encha-o de pequenos processos, ao menos nos deixará em paz!" No Tribunal de Palermo fui objeto de uma série de pequenos abalos, que se tornaram mais intensos com o passar do tempo. Eu incomodava.

* * *

As declarações de Buscetta vieram coroar quatro anos de proveitosas investigações. Quatro anos em que aprendi mais coisas do que em vinte. Foram como *matrioskas,* as bonecas russas. Graças a eles, compreendi que até então eu tinha sido somente um artesão. Cercado pelo ceticismo geral, apoiado apenas por alguns colegas, privado de instrumentos adequados. E que era o momento de dar um salto de qualidade na organização da luta para obter resultados significativos.

II – MENSAGENS E MENSAGEIROS

A interpretação dos signos, dos gestos, das mensagens e dos silêncios constitui uma das atividades principais do *homem de honra*. E, consequentemente, do magistrado. A tendência dos sicilianos à discrição, para não falar da mudez, é proverbial. No âmbito da Cosa Nostra alcança o paroxismo. O *homem de honra* deve falar somente daquilo que lhe diz respeito diretamente, e só quando lhe é feita uma pergunta precisa, e tão somente se estiver apto e tiver direito de responder. Sobre esse princípio baseiam-se as relações internas na máfia e as relações entre a máfia e a sociedade civil. Magistrados e forças policiais devem se adaptar a isso.

Nas minhas relações com os mafiosos sempre fui cauteloso, evitando falsas cumplicidades e atitudes autoritárias ou arrogantes, expressando o meu respeito e exigindo o deles. É inútil ir ao encontro de um chefão na prisão se não se tem perguntas precisas para fazer a ele sobre investigações relacionadas com a máfia, se você não está bem informado ou se acredita que poderá tratá-lo como um criminoso comum.

Em 1988, depois das declarações de Calderone, um chefão de Caltanissetta devia ser interrogado por um dos meus colegas. Este se dirigiu assim ao mafioso: "Você que é o cara? Então, me fale da Cosa Nostra!" O mafioso, que estava se sentando, levantou-se e respondeu: "Cosa Nostra? Cosa Nostra quer dizer coisa minha, coisa sua, coisa do advogado... As minhas coisas eu lhe dou de presente." E sentado ficou, fechando-se num silêncio impenetrável.

Os membros da Cosa Nostra exigem ser respeitados. E respeitam somente quem manifesta um mínimo de atenção ao confrontá-los.

Em 1980, um dos meus colegas romanos foi encontrar-se com Frank Coppola, logo após sua prisão, e o provocou: "Senhor Coppola, o que é a máfia?" O velho, que não nasceu ontem, pensou a respeito e rebateu: "Senhor juiz, três magistrados gostariam, hoje, de se tornar procuradores da República. Um é inteligentíssimo; o segundo tem o apoio de partidos do governo; o terceiro é um completo imbecil, mas conseguirá o lugar. Essa é a máfia..."

Há outra coisa que as pessoas geralmente não compreendem, que é o tratamento *Senhor*, usado por um mafioso, que não tem nada a ver com o *Monsieur* francês, o *Sir* britânico ou o *Mister* americano. Significa apenas que o interlocutor não faz jus a nenhum título. Senão, seria chamado de *Tio* ou *Don*, no caso de ser um personagem importante na organização, ou Doutor, Comendador, Engenheiro, e assim por diante. Em 1986, durante o primeiro maxiprocesso de Palermo, o arrependido Salvatore Contorno, para expressar seu absoluto desprezo por Michele Greco, considerado *capo* da máfia, mas que a seus olhos não era ninguém, se expressava nestes termos: "O senhor Michele Greco..."

Lembro que uma vez – estava na Alemanha para interrogar um *capo* mafioso – me aconteceu de ser tratado em tom agressivo: "Senhor Falcone..." Ele quis me ofender. Levantei e o rebati: "Não, um momento: o senhor é o senhor Fulano de tal, *eu* sou o juiz Falcone." Minha mensagem atingiu o alvo e ele me pediu desculpas. Sabia muito bem por que eu recusava o tratamento de "senhor", que não reconhecia a minha função e me reduzia a um zero. Digo isso para mostrar que o trabalho de magistrado consiste também em dominar uma grade de interpretação dos sinais. Para um palermitano como eu, isso faz parte da ordem natural das coisas.

Encontrei-me com Buscetta pela primeira vez em julho de 1984, em Brasília. Ele tinha acabado de ser preso e eu havia reunido uma série de perguntas que, segundo as regras, seriam feitas a ele por um juiz brasileiro. Entrando na sala onde acontecia o interrogatório, fui surpreendido ao ver Buscetta acompanhado da mulher e me coloquei no seu lugar. Buscetta respondia evasivamente às perguntas do meu colega brasileiro e, enquanto eu me perguntava se não estava perdendo o meu tempo, o "chefão dos dois mundos", como diziam os jornais da época, dirigiu-se a mim: "Senhor juiz, para responder a uma pergunta desse tipo, toda a noite não seria suficiente." Dirigi-me ao magistrado italiano que me acompanhava e, provocando o seu riso de incredulidade, disse-lhe: "Acredito mesmo que este homem colaborará conosco." A frase que me havia dirigido constituía de fato um sinal de paz e de abertura.

Tudo é mensagem, tudo é carregado de significado no mundo da Cosa Nostra, não existem detalhes irrelevantes. É um exercício fascinante que, todavia, exige uma atenção sempre alerta. Tommaso Buscetta é, nesse campo, um modelo. E tenho a impressão de que o nosso relacionamento sempre foi codificado.

Quando veio a Roma, em julho de 1984, me apresentei para interrogá-lo acompanhado de Vincenzo Pajno, procurador da República em Palermo, personagem muito mais importante que eu: era um sinal de consideração que queria transmitir a Buscetta e ele apreciou isso. Falamos disso e daquilo, e a certa altura me disse: "Não tenho mais cigarros." Ofereci a ele o meu maço: "Fique com ele, senhor Buscetta... nos vemos amanhã." No dia seguinte, o arrependido fez questão de frisar: "Aceitei ontem os seus cigarros porque era um maço já aberto. Mas um pacote, mesmo um maço fechado, não os aceitaria porque significaria que o senhor pretendia me humilhar."

Pode-se perceber alguma coisa de patológico nessas trocas de cerimônias, nesse apego aos detalhes. Mas quem vive em contato com o perigo tem necessidade de compreender o significado de indícios aparentemente mais irrelevantes, de interpretá-los através de um contínuo trabalho de decodificação. E isso vale para qualquer um: policial, magistrado ou criminoso.

Não faltam histórias a respeito. Infelizmente, sabemos a falta de respeito da Cosa Nostra pelo Estado italiano e como essa organização prefere o seu sistema de fazer justiça – rápido e direto – aos longos processos que não dão em nada. A Cosa Nostra não perde nenhuma oportunidade de colocar o Estado na berlinda, de jogar com a sua impotência. O comissário Beppe Montana contava que, em abril de 1982 – quando em Palermo e em toda a Itália se falava muito sobre a iminente chegada do general Carlo Alberto Dalla Chiesa à "capital do crime" –, encontrava-se em Ciaculli para invadir um bar. Chegou com um forte grupo de policiais armados até os dentes e encontrou só um velho garçom que se pôs de pé e dirigiu-se à parede, apoiando-se com os braços erguidos e as pernas abertas. Enquanto o revistavam, perguntou: "O que houve? Dalla Chiesa já chegou?"

Isso nos dá a medida do escárnio com que são recebidas pela população as iniciativas do Estado, mesmo as mais sérias. Um policial me relatou a reação causada pela nomeação do alto comissário para a luta contra a máfia, Domenico Sica, encarregado, entre outras coisas, de capturar os mafiosos foragidos (era 1988). Um chefão conhecido pelo policial, informado da notícia, mergulhou em profundo silêncio. Depois, repentinamente, pôs-se a falar de um amigo seu que tinha um cão consumido por carrapatos, dos quais ninguém sabia como livrar o pobre animal. Um vizinho sugeriu um remédio extraordinariamente eficaz: bastava colocá-lo na boca dos carrapatos e eles morreriam na hora. "Mas como se abre a boca de um carrapato?", perguntou o policial. "E como faz o alto comissário para prender os foragidos?", respondeu o chefão.

Essas histórias sarcásticas não servem somente para substituir os aforismos de um tempo: frequentemente servem como meios para a Cosa Nostra transmitir uma mensagem. Eu falava com Buscetta de um homicídio; ele estava convencido de que se tratava de um homicídio mafioso; eu estava perplexo. No final da nossa conversa, Buscetta disse: "Quero contar-lhe uma história." Entendi imediatamente a sua intenção de me dizer alguma coisa de forma indireta. "Um sujeito tem uma infecção num lugar ruim, nas nádegas. Vai ao médico e lhe diz: 'Doutor, estava passando sobre um arame farpado, me arranhei e a ferida infectou'. O médico o examina e sentencia: 'Não me parece uma ferida causada por arame farpado'. E o outro diz: 'Doutor, juro que a infecção foi causada assim, mas o senhor pode me curar como se tratasse de outra coisa...'" Mensagem de Buscetta: "O senhor não acredita que se trata de um delito mafioso, mas eu estou seguro que é. Faça a sua investigação como se fosse um crime mafioso."

A mensagem pode assumir um tom decisivamente ameaçador. Pode anunciar a morte. Prudentes e de poucas palavras, os *homens de honra* sabem usar o aviso. O *arrependido* Antonino Calderone me contou que, em 1987, quando o seu irmão Giuseppe, *capo di provincia* de Catânia e da Região, encontrou em seu carro uma engenhoca explosiva, a primeira coisa que fez para descobrir de onde vinha o perigo foi consultar seus amigos e protetores. Telefonou ao comparsa de Palermo, Stefano Bontate, e marcou um encontro com ele, Gaetano Badalamenti e Rosario Riccobono. Seu relato foi ouvido com clara indiferença pelos palermitanos, que se mostraram enigmáticos. Ao fim do encontro, quando todos estavam indo almoçar juntos em Trabia, Badalamenti começou a assobiar uma cantiga cujo refrão dizia mais ou menos: "Atira ou foge. Senão, outros atirarão em você." Calderone pegou no ar a mensagem, compreendeu que o tempo para discutir já passara, e que era preciso deixar as armas falarem. Pouco tempo depois, foi morto.

Esses homens maquiavélicos, que vivem eternamente na defensiva, são forçados a ser sintéticos. Com o passar dos anos, mudaram de atitude no seu relacionamento com a magistratura.

Até quando a regra não escrita era aquela de não interferência entre os dois sistemas, o Estado e a máfia, o roteiro era fixo: alguns anos de prisão, a submissão ao poder de um Estado "estrangeiro" e, no final, a volta do mafioso para casa, mais prestigiado. O roteiro com os juízes era perfeitamente previsível, com o seu ritual de reverências respeitosas e absoluta falta de colaboração construtiva. O comportamento dos mafiosos, desprendido e aparentemente servil, cheio de ironia, tornava imprevisível qualquer interrogatório. No início, os advogados me diziam: "O senhor, no máximo, pode perguntar ao meu cliente que horas são." Quando os ossuários começaram a se encher de cadáveres de *homens de honra* e o Estado mostrou certa disposição – ainda que provisória – para o combate, o lado cerimonioso perdeu importância e cada um revelou os traços típicos do próprio caráter: uns gritaram, outros se mostraram insolentes e até ameaçadores; uns perderam as estribeiras, outros se negaram a responder, todavia pedindo ao juiz para "não levá-los a mal"; e, enfim, alguns colaboraram, como em qualquer país civilizado.

Quando prevalecem as regras ancestrais, quando o Estado decide combater seriamente a máfia, quando as forças policiais e os magistrados atuam realmente e vão fundo no seu dever, o comportamento dos acusados muda.

Em 1980 interroguei pela primeira vez Michele Greco, ainda não apontado como o *capo* da Cosa Nostra. Depois de um longo monólogo – que ouvi pacientemente – sobre seus méritos de homem dedicado ao bem, honesto e trabalhador, o notifiquei de alguns indícios de certa gravidade (pedi informações sobre cheques que ele recebera do chefão mafioso Giovanni Bontate, sem nenhuma razão plausível). Deu-se conta de que eu não teria formulado uma série de acusações vagas, e que sabia que o notificava de fatos precisos, e sentiu-se em dificuldade. Recusou-se a responder e assumiu um comportamento descortês e muito ameaçador.

Quando, em 1986, depois de anos foragido, interroguei-o pela segunda vez, ele de repente me pediu desculpas pelo comportamento no passado. Em seguida, encontrou um jeito de me transmitir dois recados. Primeiro me comparou a Maradona, "invencível no campo, salvo quando lhe dão uma rasteira", para fazer-me entender que havia meios de me eliminar. Então, me disse que era amigo do procurador-geral de Palermo, Emanuele Pili, um magistrado muito contestado pelos métodos pouco corretos usados na época do assassinato do bandido Salvatore Giuliano. O que Michele Greco pretendia dizer? Em minha opinião, "Atenção: sou um homem poderoso, trato com gente acima de você, tenho boas relações com o poder, e você não é ninguém..."

As mensagens da Cosa Nostra dirigidas ao exterior da organização – informações, intimidações, advertências – mudam de estilo em função do resultado que se deseja obter. Vão da bomba ao sorriso irônico acompanhado da frase "você trabalha demais, faz mal à saúde, devia repousar...", ou "o senhor tem um trabalho perigoso; no seu lugar, eu levaria minha escolta até mesmo ao banheiro" – duas frases que me foram dirigidas diretamente. Cartões-postais e cartas decorados com desenhos de caixões e com a eventual data da morte ao lado da de nascimento, e embrulhos com munições são geralmente reservados aos iniciantes, para sondar o terreno. Quando a máfia faz ligações do tipo "O caixão está pronto!", acentuando uma inflexão tipicamente siciliana, sem dúvida obtém um certo efeito.

Nesse caso, é de fácil interpretação, as ameaças tendem a colocar em movimento um processo de autocensura. Diria, aliás, que se ameaça alguém quando a pessoa é considerada sensível às ameaças. A máfia é racional e quer reduzir ao mínimo os homicídios. Se a ameaça não funciona, passa a outro nível, conseguindo envolver intelectuais, políticos, parlamentares, induzindo-os a levantar dúvidas sobre a atividade de um policial ou de um magistrado xereta. Ou exercendo pressões diretas para levar a personagem incômoda a calar-se. Por fim, recorre ao atentado. Geralmente, a passagem à ação é coroada de sucesso, uma vez que a Cosa Nostra sabe fazer bem o seu trabalho. Entre os raros atentados frustrados, quero lembrar aquele organizado contra mim, em junho de 1989. Os homens da máfia cometeram um erro grosseiro, renunciando aos habituais precisão e cuidado, para tornar mais espetacular o ataque ao Estado. A tal ponto que muitos concluíram que o ataque não era de origem mafiosa. Parece-me que, simplesmente, ocorrem exageros – até mesmo entre os mafiosos – ao superestimar a sua capacidade e subestimar o adversário.

Esse atentado coincidiu com um momento muito difícil para mim no Tribunal de Palermo, e foi precedido de uma série de cartas anônimas, atribuídas pela imprensa ao "Corvo", as quais me acusavam, juntamente com outros magistrados, de haver manipulado o *arrependido* Salvatore Contorno, enviando-o para a Sicília com a missão de combater e matar os corleoneses e seus aliados. Cito o "Corvo" para relembrar que não são apenas os mafiosos que se utilizam de mensagens cifradas, ainda que, sem dúvida, saibam fazê-lo muito melhor que os outros.

A propósito dos *arrependidos*, estou convencido de que a conduta eficaz e adequada de fazer comparações seja, antes de tudo, para verificar com extremo cuidado a exatidão das suas revelações, mas sem diminuir sistematicamente tudo aquilo que afirmam.

Conhecendo o modo como o *homem de honra* se relaciona com os fatos, que pode ser resumido como um "compromisso absoluto de dizer a verdade", sempre me expressei com os mafiosos que interrogava e afirmavam querer colaborar de maneira crua, indiferente, cética e, portanto, sincera. Sempre expus ao início dos interrogatórios: "Diga somente o que lhe parece, mas lembre-se de que este interrogatório será o seu calvário porque tentarei de tudo para fazê-lo cair em contradição. Se conseguir me convencer da verossimilhança das suas declarações, então, e somente então, considerarei a possibilidade de defender nos órgãos do Estado o seu direito de viver." Como qualquer pessoa, os mafiosos devem ser tratados com franqueza e corretamente.

Eles estão habituados a falar somente com conhecimento de causa, e substancialmente dizem: "Quando afirmamos que um determinado evento aconteceu de certo modo é porque estamos seguros do que aconteceu. Há coisas que não podemos dizer – aliás, ninguém nos acreditaria – que colocariam em risco e enfraqueceriam ainda mais as informações diretamente utilizáveis num processo." Aceitei esse ponto de vista, provocando a ironia de colegas quando dizia: "O *homem de honra* tem a obrigação de dizer a verdade porque a verdade constitui para ele uma regra de sobrevivência, quando está livre e muito mais quando não está. Se a obrigação de dizer a verdade na presença de um *homem de honra* não é mais respeitada pelos mafiosos, é sinal inequívoco de que ele será morto, ou que o seu interlocutor será suprimido."

Eis por que se fala pouco no interior da Cosa Nostra, eis por que é inútil e supérfluo tagarelar sobre coisas que se conhece pouco ou mal e de pessoas que não têm nada a ver com a *famiglia* a que pertencem. Se um *homem de honra* da *famiglia* Santa Maria de Jesus tem conhecimento de alguma coisa que diz respeito à *famiglia* de Ciaculli, não há razão para que fale. Isso não é da sua conta. Ele está autorizado a falar do que diz respeito ao restrito círculo da sua competência. Do contrário se colocará fora das regras, e naquele ponto, nada mais e ninguém o protege. As regras constituem a única salvaguarda dos mafiosos.

Durante o interrogatório de Francesco Marino Mannoia, constatamos que ele atribuía uma série de crimes graves a seu irmão morto. Os meus colegas logo pensaram que ele o acusava porque o irmão não podia mais defender-se nem ser prejudicado pelas acusações. Nada mais equivocado. É absolutamente inconcebível que numa organização como a Cosa Nostra se possa mentir a respeito de um parente morto.

Repito: há obrigação de dizer a verdade, sobretudo quando se encontram numa situação como a de Mannoia, na qual as vinganças, diretas e indiretas, estão na ordem do dia: "Doutor", dizia, "quando afirmo uma coisa e o senhor não concorda, vejo que os seus bigodes começam a tremer; então, me bloqueio. Mas fique tranquilo. Se digo que não me lembro de uma coisa, o senhor não deve insistir, porque o fato é que *não posso* lembrar." Em vez de mentir, Mannoia deixava de falar. Os mafiosos podem incorrer em pequenas inexatidões, perdoar mentiras irrelevantes, mas nunca afirmações desonrosas. Não esqueçamos que são *homens de honra*.

Um dia, em 1976, fui interrogar um certo Peppino Pes, detento comum, condenado por homicídios múltiplos que, todavia, pela alta conta que tinha de si, bem poderia ter sido um *homem de honra*. Quando me contou que fazia parte da comissão que controlava o refeitório, respondi com uma gozação: "Diga uma coisa, Pes: você não se aproveita disso para comer melhor?" Lançou-me um olhar indignado e, em seguida, em tom igualmente irônico, rebateu: "Senhor juiz, eu só cometo homicídios, não roubo carne!"

Na Sicília, os *homens de honra* são provavelmente mais de cinco mil. Escolhidos depois de duríssima seleção, obedientes a regras severas, são verdadeiros profissionais do crime. Mesmo quando se definem *soldados*, na realidade são generais. Ou melhor, cardeais de uma igreja muito menos indulgente do que a católica. Sua opção de vida é intransigente. A Cosa Nostra constitui um mundo em si que deve ser compreendido na sua globalidade, sobretudo com relação ao princípio de respeito à verdade, vital para a organização. Certamente, ninguém se deu ao trabalho de entender por que o "traidor" Buscetta deu o seu depoimento diante do silêncio absoluto das celas cheias com uma centena de mafiosos, durante o maxiprocesso. O fato é que Buscetta gozava de grande prestígio pessoal no seio da organização e, embora *arrependido* – portanto desprezível –, ele fora vítima de um erro inadmissível dos seus companheiros. Tinham matado dois de seus filhos, que não eram sequer *homens de honra*. O silêncio que envolveu as suas declarações lhe dava razão quando sustentava que ele era o verdadeiro *homem de honra*, enquanto os corleoneses e seus aliados, não tendo respeitado as regras, eram a escória da Cosa Nostra.

Outro exemplo confirma a racionalidade das regras sobre as quais se fundamenta a máfia. É norma que o filho de um *homem de honra* morto pela Cosa Nostra não possa ser acolhido pela organização à qual seu pai pertencia. Por quê? Por causa da famosa obrigação de dizer a verdade. No momento em que passa a fazer parte da Cosa Nostra, o filho teria o direito de saber por que o pai foi morto, o direito de exigir explicações que seriam fonte de grandes problemas. Então, se decidiu vetar sua admissão, exatamente para evitar a necessidade de mentir a ele.

Essa e outras regras análogas representam os limites extremos de valores e comportamentos tipicamente sicilianos. Na vida cotidiana, encontramos muitíssimos exemplos. Assim, na Sicília, é natural não andarem armados, a menos que estejam prontos para fazer uso das armas. Se alguém carrega consigo uma pistola, sabe que deve usá-la, porque também sabe que aquele que está diante dele o fará. O conceito de arma dissuasiva não existe entre eles. Leva-se uma pistola porque serve para atirar, não para intimidar.

Em Palermo, um dia assisti a uma cena de rua extremamente significativa. Um sujeito reclamou de outro que estacionou mal, atrapalhando o trânsito. Gritou, se alterou, mas o outro o observava indiferente, e continuava a conversar com um amigo, como se não estivesse acontecendo nada. O sujeito não fez mais nada e foi-se embora sem mais reclamar. Tinha entendido, diante do comportamento firme do outro, que se tivesse insistido a coisa ficaria mais séria e ele acabaria sendo morto, perdendo a discussão. Essa é a Sicília, a ilha do poder e da patologia do poder.

Nessa Sicília, nessa Cosa Nostra das regras inapeláveis e formalismo intransigente, nasceram os *arrependidos*. Nas salas dos palácios de justiça circulava um lugar-comum tranquilizador: "O mafioso não fala nunca, do contrário seria um louco ou um homem morto." Corretíssimo numa situação de normalidade, digamos. Não em plena guerra da máfia. Não em plena ofensiva do Estado.

Por trás do lugar-comum do mafioso que não fala, escondem-se outras coisas: fatalismo, falta de confiança, recusa de ir adiante. Não é por acaso que assim que um *homem de honra* expressa desejo de colaborar seja batizado de forma por também reveladora: *arrependido, delator, desprezível*, fazendo o jogo da Cosa Nostra, mostrando a cultura do pecado que existe em nós, e a falta de pragmatismo que nos angustia.

O *arrependido*, diferentemente do clássico informante anônimo, do colaborador da polícia utilizado nas investigações e deixado à sombra, expõe diferentes e novas questões para a magistratura e para a opinião pública. Ele acusa a si próprio no momento em que acusa outros e pede proteção: é aceitável então que, pela colaboração prestada, Contorno tenha perdido trinta e cinco parentes e Buscetta dez? Espero que a lei votada em 16 de março de 1991, inspirada no modelo norte-americano, compense as carências do Estado no que diz respeito à proteção dos *arrependidos*.

Nos processos palermitanos, temos hoje 35 *arrependidos*; alguns deles encontram-se no exterior. Quando decidiram colaborar, eu lhes disse: "Se são pessoas sérias, serão bem tratados." Não posso dizer que fui ajudado pelo Estado, e, caso a caso, tive que encontrar soluções artesanais. E não me assombra que alguém tenha ficado arrependido por se tornar um *arrependido*. Frequentemente os juízes os condenaram a penas mais severas do que as dadas a outros acusados; os guardas carcerários os insultaram, já que quem não respeita as leis do grupo não é bem-visto; o pessoal dos presídios, que no seu conjunto tinha a tarefa de garantir-lhes a segurança, tornou a vida deles impossível, submetendo-os, por exemplo, a vigilância direta e brutal 24 horas por dia. Pergunto-me como aqueles homens encontraram a força de espírito necessária para se manterem firmes.

Os *arrependidos,* dos quais me ocupei nestes seis anos, acabaram traçando um panorama bastante completo da Cosa Nostra, de todos os pontos de vista possíveis. Buscetta, que tinha sido muito próximo ao mundo político, de certa forma mostrou-se evasivo nesse campo, mas é, de qualquer modo, o mais consistente. Enquanto Contorno, simples executor de ordens, e por isso limitado na sua visão, nos ofereceu a fiel representação de um *soldado.* Calderone, muito humano e sensível, foi muito preciso sobre a complexidade do fenômeno mafioso siciliano. Marino Mannoia constituiu a síntese dos três anteriores, e além disso nos forneceu informações sobre o desenvolvimento mais recente da Cosa Nostra. Há também um estranho à organização, Vincenzo Sinagra, que nos permitiu compreender o relacionamento entre a máfia e a criminalidade não mafiosa.

Entre os *arrependidos* menores, encontrei o interessante Nicolò Trapani, palermitano, capitão do mar, contrabandista e traficante de drogas. Em 1984 fez uma confissão minuciosa sobre tráficos ilícitos, e a respeito das relações entre cataneses, palermitanos e calabreses. Mesmo não pertencendo à organização, era pago por algumas *famiglie* e estava perfeitamente entrosado com aqueles para quem trabalhava.

Era uma espécie de aventureiro internacional, que até dizia que havia sido casado com uma princesa somaliana.

Outros *arrependidos* foram o chinês Koh Bak Kin, o romano Pietro De Riz, os sicilianos Vincenzo Marsala, Salvatore Coniglio, Leonardo Vitale. Sim, exatamente Leonardo Vitale, que com suas revelações, em 1973, nos deu duas confirmações importantes: a exatidão das informações que anos depois seriam dadas por Buscetta, Contorno e Marino Mannoia; e a absoluta inércia do Estado frente aos que, de dentro da Cosa Nostra, decidem falar. Naquela época, Vitale tinha fornecido indícios que deveriam ter colocado a polícia e a magistratura em alerta. Tinha acusado Totò Riina, o corleonês, de ser o *capo* da Cosa Nostra. E contou um caso emblemático: as *famiglie* de Porta Nuova e de Mezzomonreale discutiam animadamente sobre quem deveria receber um pagamento ilícito. No final, Riina decidiu em favor da *famiglia* de Noce[10], afirmando: "É a *famiglia* que mora no meu coração." Ainda hoje podemos constatar que o *capo della famiglia* de Noce está entre os principais apoiadores de Riina.

Aquilo que Vitale tinha revelado em 1973 teve resultado prático somente em 1984 simplesmente porque, até então, ele tinha sido considerado não confiável. Claro que se tratava de um psicopata, supostamente praticante da escatofagia, mas que tinha sido generoso com tantas informações

---

[10] Bairro de Palermo, capital da Sicília, uma das vinte regiões – equivalentes aos estados brasileiros – que formam a República da Itália.

verdadeiras que tinha merecido as mais diferentes considerações. O Estado, depois de ter desfrutado das suas fraquezas de caráter, uma vez obtida a sua confissão, o recolheu a um manicômio, esquecendo-se dele. Condenado logo depois de sua confissão, em 1984, foi assassinado pela máfia pouco depois de ser encarcerado. Essa é uma das razões pelas quais não podemos levar a sério aqueles que afirmam: "Nada se sabe sobre a máfia." Com as montanhas de material que temos sob os olhos!

Os motivos que impelem os *arrependidos* a falar às vezes se assemelham entre si, mas frequentemente são diferentes. Durante o nosso primeiro encontro oficial, Buscetta declarou: "Não sou indigno. Não sou um *arrependido*. Fui mafioso e me sujei por crimes pelos quais estou disposto a pagar minha dívida com a Justiça." Mannoia: "Sou um *arrependido* no sentido mais simples da palavra, porque me dei conta do grave erro que cometi escolhendo o caminho do crime." Contorno: "Estou decidido a colaborar porque a Cosa Nostra é uma quadrilha de covardes e assassinos."

Mannoia foi o que mais despertou a minha curiosidade. Em 1980, tive problemas com ele após uma investigação bancária que indicava que ele e a sua família tinham grandes somas de dinheiro em diversas cadernetas de poupança. Ao final do processo, Mannoia foi condenado a cinco anos de prisão, a pena máxima prevista na época para associações criminosas. Não consegui condená-lo por tráfico de drogas. Durante os interrogatórios me parecia um personagem complexo e inquietante. Não era antipático, mas digno e até coerente. Em 1983, fugiu da prisão, e foi novamente preso em 1985.

Enquanto isso, Buscetta me havia falado de um certo Mozzarella – essa era a alcunha de Mannoia –, "assassino de confiança do Stefano Bontate". Em 1989, mataram seu irmão, Agostino, que ele adorava. Compreendeu que o seu espaço vital no âmbito da Cosa Nostra estava diminuindo. Porque ou mataram seu irmão sem razão – e então devia pedir uma explicação –, ou o mataram por razões claras; em ambos os casos significava que ele seria logo eliminado. Fez uma lúcida análise da situação e decidiu colaborar.

As coisas iam assim. Em setembro de 1989, o vice-chefe de polícia, Gianni De Gennaro, me chamou para ter informações sobre a situação judiciária atualizada de Francesco Marino Mannoia. Uma mulher, que se qualificara como sua companheira, foi encontrá-lo para dizer que Mannoia estava pronto para colaborar, mas que só queria fazer isso com duas pessoas: com ele e com Falcone porque, dizia a mulher, "não confiava em mais ninguém".

Com a ajuda do Departamento Penitenciário do Ministério da Justiça, Mannoia foi transferido para uma estrutura carcerária especialmente preparada para ele, em Roma. Oficialmente, estava detido na prisão de Regina Coeli, para onde, apesar de tudo, era conduzido para seus encontros pessoais. Por três meses falamos com toda a tranquilidade. Depois, divulgada a notícia de sua colaboração, de um só golpe a Cosa Nostra matou sua mãe, sua irmã e sua tia. O *arrependido* reagiu como homem, e levou até o fim as suas confissões.

Mannoia era um veterano; *soldado* de Stefano Bontate, portanto membro de uma *famiglia* considerada perdedora após a guerra da máfia, conseguiu ficar neutro e tinha continuado, entre 1977 e 1985, a refinar heroína – era o melhor químico da organização – para todas as *famiglie* que lhe faziam pedidos. Também na prisão tinha continuado a manter bom relacionamento com todos os detentos. Aplicava da melhor maneira um antigo provérbio siciliano: *"Calati, juncu, ca passa la china"* (Abaixa-te, junco, que a cheia vai passar.) Esperava em silêncio para ir à desforra com os corleoneses. Daí a sua extraordinária confissão, uma das mais densas já obtidas, e a grande quantidade de informações, que ainda estamos bem longe de ter aproveitado completamente.

Fui duramente atacado por causa dos *arrependidos*. Acusaram-me de ter um relacionamento intimista com eles, do tipo "conversa no canto do corredor". Perguntaram-me como tinha feito para convencer tanta gente a colaborar e insinuaram que lhes teria feito algumas promessas enquanto arrancava as confissões. Insinuaram que eu escondia nas gavetas a "parte política" das declarações de Buscetta. Chegaram a insinuar até que eu colaborava com uma parte da máfia para eliminar a outra. O auge foi atingido com a carta do

Corvo na qual se sustentava que, com a ajuda e a cumplicidade de De Gennaro, do chefe de polícia e de alguns colegas, eu tinha enviado o *arrependido* Contorno de volta à Sicília, confiando-lhe a missão de exterminar os corleoneses!

Em suma, se consegui algum resultado na luta contra a máfia, segundo aquela carta, era porque eu tinha pisoteado o Código e cometido graves delitos. Porém, os atos dos meus processos estão sob os olhares de todos, e desafio qualquer um a descobrir anomalias de qualquer espécie. Centenas de advogados especialistas tentaram isso, mas em vão.

A pergunta a ser feita deveria ser outra: por que esses *homens de honra* mostraram que confiavam em mim? Creio que porque sabiam do respeito que tenho pelo seu tormento, porque têm certeza de que não os engano, que não desempenho o meu papel de magistrado de forma burocrática, e que não sinto temor nos confrontos com ninguém. E também porque sabem que quando falam comigo têm à sua frente um interlocutor que respirou o mesmo ar de que se alimentam.

Nasci no mesmo bairro de muitos deles. Conheço a fundo a alma siciliana. A partir de uma inflexão de voz e de uma piscada de olhos compreendo muito mais do que a partir de longos discursos.

Tornei-me, portanto, uma espécie de defensor de todos os *arrependidos* porque, de um modo ou de outro, respeito todos eles, mesmo aqueles que me decepcionaram, como é o caso de Contorno. Reparti com eles suas dolorosas aventuras, senti o quanto se esforçavam para falar de si e para contar os delitos, dos quais ignoravam as possíveis repercussões negativas pessoais, sabendo que em ambos os lados da barricada inimigos se juntariam em armadilhas, prontos para fazê-los pagar caro por violarem a *omertà*.

Tentem se colocar no lugar deles: eram *homens de honra*, reverenciados, pagos por uma organização mais séria e mais sólida que um Estado soberano; bem protegidos por seus infalíveis serviços de ordem, e que, repentinamente, se veem no dever de, por um lado, se confrontar com um Estado indiferente e de outro, com uma organização enfurecida.

Procurei participar emocionalmente do seu drama humano, e antes de passar aos interrogatórios de fato, sempre me esforcei para compreender os problemas pessoais de todos e colocá-los em um contexto preciso. Escolhendo argumentos que pudessem confortar o arrependido na sua ânsia de falar. Mas nunca os enganando sobre as dificuldades que os aguardariam pelo simples fato de colaborarem com a justiça. Nunca os tratei com intimidade, ao contrário de tantos outros; nunca os insultei, como alguns acreditam estar autorizados a fazer, e nem levei doces sicilianos para eles, como alguém insinuou: "Todo dia Falcone leva uns *cannoli* para Buscetta..." Entre eles e mim há sempre uma mesa, no sentido exato e figurado da palavra: sou pago pelo Estado para perseguir criminosos, não para fazer amigos.

Às vezes me perguntam se existem arrependidos "verdadeiros" e arrependidos "falsos". Respondo que é fácil perceber isso, quando se conhece as regras da Cosa Nostra. Um bandido de Adrano (Catânia), um tal Pellegriti, que já tinha colaborado utilmente com magistrados em função de crimes cometidos na Catânia, havia estranhamente declarado ter informações sobre o assassinato do presidente[*] da Sicília Piersanti Mattarella, em Palermo. Em 1989, fui com alguns colegas encontrá-lo na prisão, para saber mais. Pellegriti contou ter sido encarregado por mafiosos palermitanos e cataneses para entregar na capital siciliana as armas destinadas ao assassinato.

Logo no início ficou claro que mentia. Na realidade, é muito estranho que uma organização como a Cosa Nostra, que sempre teve grande disponibilidade de armas, tivesse necessidade de levar pistolas para Palermo; depois, conhecendo as rígidas regras da máfia, não se pode pensar que um *homicídio excelente*[**], decidido no mais alto nível da Comissão, seja entregue a homens que não sejam de comprovada confiança e não façam parte da organização, pois teriam que se comunicar previamente com os *capi* do território onde a ação ocorreria; nunca haveria um estranho como Pellegriti. A comparação das declarações de Pellegriti, logo verificadas, confirmou, como era previsto, que se tratava de afirmações completamente inventadas.

Em 1984, outro *candidato* ao arrependimento me foi indicado: Vincenzo Marsala. Ao longo do processo por homicí-

---

[*] Cargo equivalente ao de governador de estado, no Brasil. (N. do T.)

[**] Assassinato de pessoa ilustre: empresário, político, juiz, autoridade etc. (N. do T.)

dio do pai, tinha feito acusações muito graves contra as *famiglie* de Termini e Caccamo, afirmando que recebera tais informações do próprio pai.

Fiz conduzi-lo a Palermo e, pelo teor de algumas de suas respostas, me convenci que se tratava, noventa e nove por cento, de um *homem de honra*, apesar das suas negativas. Então, disse-lhe: "Senhor Marsala, a partir deste momento está indiciado por associação para cometer crime mafioso. Decida o que fazer." Olhou para mim e insistiu que não fazia parte da Cosa Nostra. Interrompi o interrogatório e mandei-o de volta. Algumas semanas depois me fez saber que estava pronto para conversar seriamente. Sua confissão de mafioso revelou-se utilíssima.

Conhecer os mafiosos influiu profundamente nos meus relacionamentos com os outros e também nas minhas convicções.

Aprendi a reconhecer a humanidade, mesmo nas pessoas aparentemente piores; a ter um respeito real, e não só formal, pela opinião dos outros. Aprendi que toda atitude comprometedora – seja uma traição ou uma simples fuga – provoca um sentimento de culpa, uma inquietação na alma, uma desagradável sensação de desorientação e de mal-estar em relação a si próprio.

A imposição categórica dos mafiosos – de dizer a verdade – tornou-se um princípio fundamental da minha ética pessoal, pelo menos quando se trata dos relacionamentos verdadeiramente importantes da minha vida. Por mais estranho que possa parecer, a máfia me ensinou uma lição de moralidade.

Esta aventura também tornou mais autêntica o meu senso de Estado. Confrontando-o com o *estado-máfia*, me dei conta de quanto este é mais funcional e eficiente que o nosso Estado, e do quanto é indispensável, por isso mesmo, empenhar-se ao máximo para conhecê-lo a fundo para poder combatê-lo.

Conservo uma boa dose de ceticismo, mas não à maneira de Leonardo Sciascia, que sentia necessidade do Estado, mas não confiava nele. O meu ceticismo, mais que uma desconfiança suspeita, é uma dúvida metódica que acaba por confirmar minhas convicções. Eu acredito no Estado e considero que seja mesmo a falta de percepção do Estado como valor interiorizado que causa as distorções presentes na alma siciliana: o dualismo entre sociedade e Estado; o isolamento na *famiglia*, no grupo, no clã; a procura por um álibi que permita a cada um viver e trabalhar em perfeita anomia. O que está na origem da máfia a não ser uma mistura dessa anomia com violência primitiva? Essa mesma máfia que, em essência, se pensarmos bem, não é outra coisa senão a expressão de um desejo de ordem e, portanto, de Estado.

O meu ceticismo é uma espécie de autodefesa? Toda vez que desconfio de alguém, minhas preocupações acabam encontrando confirmação no decorrer dos acontecimentos. Consciente da perversidade e da astúcia de grande parte dos meus semelhantes, observo-os, analiso-os e trato de me prevenir dos golpes baixos.

Os mafiosos são movidos pelo mesmo ceticismo sobre o gênero humano. "Irmão, lembre-se de que você irá morrer", nos ensina a Igreja Católica. O catecismo não escrito dos mafiosos sugere qualquer coisa análoga: o risco constante da morte e o baixo valor atribuído à vida alheia e à própria vida os obrigam a viver em estado de alerta permanente. Frequentemente nos espantamos com a incrível quantidade de detalhes que povoam a memória do pessoal da Cosa Nostra. Mas quando se vive como eles, à espera do pior, somos forçados a guardar até as migalhas. Nada é inútil. Nada é fruto do acaso. A certeza da proximidade da morte, dentro de um instante, uma semana, um ano, preenche cada momento de suas vidas com uma sensação de precariedade.

Conhecendo os *homens de honra*, aprendi que as lógicas mafiosas não são nunca ultrapassadas nem incompreensíveis. Na realidade são as lógicas do poder, sempre funcionais em relação a um fim. Aprendi a encurtar a distância entre o falar e o fazer. Como os *homens de honra*.

Em certos momentos, esses mafiosos me parecem ser os únicos seres racionais num mundo povoado por loucos. Até Sciascia afirmava que os piores cartesianos escondem-se na Sicília...

Nos momentos de melancolia me permito pensar sobre o destino dos *homens de honra*: por que homens como tantos outros, alguns dotados de verdadeiras qualidades intelectuais, foram obrigados a inventar uma atividade criminosa para sobreviver com dignidade?

III – CONTIGUIDADES

O *arrependido* Antonino Calderone, sobrinho de um importante *capo* mafioso catanês, morto em 1960 num hospital de Milão, sempre respirou a atmosfera da Cosa Nostra. Era como seu herdeiro natural. Quando ainda não era um *homem de honra*, foi visitar o tio no hospital. Entre eles havia um relacionamento muito afetuoso e muito discreto.

No final da conversa, parecia que o tio queria lhe passar uma mensagem. Tomou as precauções de costume, já que, entre um membro da Cosa Nostra e alguém que não é, não se deve absolutamente falar da organização. Suspirou e, depois de um longo silêncio, sabendo muito bem que seu sobrinho era candidato à filiação, disse-lhe: "Vê aquela rosa sobre o parapeito da janela? É bela, muito bela, mas se pegá-la, ela o espeta."

Novo silêncio. Depois, o tio, que sentia lhe faltarem forças, murmurou: "Se você soubesse como é bom adormecer sem receio de ser brutalmente acordado no meio da noite. E caminhar por uma rua sem olhar para trás continuamente por medo de receber um tiro nas costas." Ele queria dizer:

"Reflita bem, meu sobrinho, antes de se tornar um soldado da Cosa Nostra, essa rosa aparentemente maravilhosa. Reflita antes de mergulhar no fosso. Porque entrará numa cultura de morte e de angústia e, sem dúvida, de infinita tristeza." Antonino Calderone lembrava-se dessa conversa, ainda em 1987, quando a contou para mim, concluindo: "Concordo com o que meu tio me dizia."

Decididamente, a organização é conservadora. A constante citação do Evangelho pelos mafiosos é só um expediente, não há dúvida, mas exprime também o conformismo da Cosa Nostra em relação aos tradicionais valores cristãos. Eu diria até que os *homens de honra* se adaptam a eles com mais rigor que a média dos fiéis, seja porque não têm nenhum interesse de se mostrar, de se destacar dos outros, seja porque tais valores formais se ajustam perfeitamente ao seu credo burguês.

Um homem que tem mais de uma mulher ou mantém relações extraconjugais em público, portanto incapaz de manter o autocontrole no plano sexual e sentimental, não é um homem confiável também no plano *profissional*. A única mulher verdadeiramente importante para um mafioso é e deve ser a mãe de seus filhos. As outras "são todas putas". E se por acaso um *homem de honra* faz um casamento errado, tanto pior, porque a união conjugal não é um fato essencial na sua vida. Casou-se com a mulher errada? Mantenha-a. E conforme-se com os valores-chave da família, fazendo com que a mãe e os filhos sejam respeitados e adequadamente sustentados. No mais, faça como achar melhor, mas com a máxima discrição.

Um provérbio muito em voga no ambiente da Cosa Nostra diz: "Melhor comandar do que foder." Buscetta, apesar do grande prestígio, nunca teve uma função de responsabilidade na organização, foi "queimado" – suspenso da organização – porque tinha uma vida sentimental agitada, casara três vezes e, portanto, não dava garantias de seriedade na visão dos seus *capi*.

Durante o maxiprocesso, Luciano Leggio, que conhecia bem o repúdio dos *homens de honra* por situações irregulares, lançou sobre ele uma acusação vergonhosa: disse que, no Brasil, Buscetta tinha tentado violentar a mulher de um *homem de honra* que era também o seu melhor amigo... E os advogados dos chefões, numa tentativa de depreciar a credibilidade de Buscetta, concentraram-se de certa forma na sua instabilidade emocional.

O mesmo conservadorismo caracteriza a máfia americana. Um informante do FBI, mafioso arrependido, me contava que a primeira coisa que lhe tinham imposto, depois de haver prestado juramento de fidelidade à Cosa Nostra, tinha sido ir ao barbeiro para cortar barba e cabelos, e a um alfaiate, para comprar um terno "sério". Trata-se de uma adequação interessada, porque, deixando-se levar por prazeres que chamam a atenção ou pelas extravagâncias corre-se o risco de ser "queimado" ou eliminado.

O fato de o palermitano Alfredo Bono gastar grandes somas de dinheiro nos cassinos do Norte não era absolutamente bem-visto. A máfia sempre alimentou uma profunda desconfiança com relação à ostentação da libertinagem e da riqueza. Não por moralismo, mas por considerá-la sintoma de infidelidade. O arrependido milanês Angelo Epaminonda se divertia descrevendo o embaraço que causou quando levou consigo a Palermo duas belas dançarinas, apresentando-as a dois mafiosos sicilianos dos mais tradicionalistas, Carmelo Zanca e Salvatore La Rosa: nitidamente incomodados e sem saber como se comportar com as moças, sequer ousando dirigir-lhes a palavra, os dois *capi* as observaram com interesse, mas disfarçadamente e sem nunca encará-las, o que é uma atitude bastante típica e provincial.

Não pense que os mafiosos porém levam uma vida franciscana. Eles desenvolvem um trabalho difícil, que requer constância, coragem e crueldade, mas isso não os impede de gozarem das vantagens da riqueza e dos prazeres do sexo. Diria, aliás, que a maior parte dos mafiosos que conheci estava cheia de problemas extraconjugais. Uma coisa são as regras, que devem ser formalmente respeitadas; outra é a sua aplicação prática. Tudo é, portanto, uma questão de estilo. O importante é que a mulher legítima não seja humilhada em seu ambiente social. Se as coisas são feitas com discrição, sem que ela saiba, evitando maledicências, não há problema nem para ela, nem para o *homem de honra*, nem para a máfia. Aliás, as proezas sexuais, enquanto conservam um relativo grau de segredo e discrição, até podem aumentar o *prestígio profissional* do mafioso.

Nos últimos anos registraram-se algumas mudanças nos *homens de honra*. O velho mafioso agricultor tinha hábitos austeros, coerentes com o seu contexto de vida. O mafioso urbano de hoje assimilou a cultura do consumismo e se adaptou aos preceitos do mundo moderno, tornando-se mais funcional.

Porém, conserva algo que os outros membros da coletividade não têm: a cultura de participar de um grupo e ser fiel a valores fundamentais. Num mundo privado de referências, os mafiosos tendem a conservar essa sua identidade.

A vida dos *homens de honra* é condicionada por tais valores. A dignidade, por exemplo, continua sendo importante. Um mafioso que tenta enforcar-se na cela de uma prisão está destinado a ser eliminado, já que demonstrou não ser capaz de suportar a dureza da vida carcerária e, por consequência, qualquer outra situação difícil. Um mafioso que deixa transparecer sinais de perturbação psicológica ou demonstra insegurança corre o risco de ser calado para sempre.

É praticamente o mesmo mecanismo de expulsão que encontramos entre os esquimós e outros povos que abandonam os velhos, os doentes graves e os feridos porque atrapalham o seu avanço em terras hostis, colocando em perigo a sobrevivência de todos. Num grupo como a máfia, que precisa defender-se dos inimigos, quem é fraco ou doente deve ser eliminado.

Isso nos ajuda a entender por que o mafioso não fala, não deixa transparecer uma emoção ou um sentimento. Antonino Calderone contou-me que Tommaso Buscetta ficou três anos trancado na mesma cela com o mafioso Giuseppe Sirchia, que havia matado um grande amigo dele, Bernardo Diana. Por três longos anos, nunca manifestou nenhuma animosidade, nenhum ressentimento durante o relacionamento. E nunca lhe disse ou lhe fez nada. Extraordinário, não? Buscetta sabia que Sirchia certamente seria morto, como de fato aconteceu em seguida, e isso era o bastante para lhe dar força para esperar o momento da vingança.

A atitude em relação à morte é ainda mais significativa. Por que ninguém chorou a morte de Salvatore Inzerillo, assassinado aos quarenta anos? Não que não tivesse amigos e que ninguém pretendesse vingá-lo. Ao contrário, porque todos os membros da Cosa Nostra tinham uma respeitosa admiração por ele: viveu como um leão e foi morto de pé. Morrer assassinado não é nada agradável, mas pode ser fonte de grande prestígio para um *homem de honra*. Os seus descendentes podem ter orgulho dele.

O irmão de Salvatore, Santo Inzerillo, foi estrangulado com uma corda poucos dias depois da morte de seu irmão, em 1981. Foi capturado pelos corleoneses, com seu comparsa Mimmo Teresi, que chorava enquanto estavam para matá-lo, mais por raiva do que por medo. Santo lhe ordenou, secamente: "Pare de chorar e diga para estes cornudos se apressarem." Os seus filhos puderam se orgulhar de terem tido um pai que não temia a morte.

Por mais estranho que possa parecer, até os que o estrangularam também ganharam prestígio com a dignidade da vítima, a partir do momento que mataram um homem merecedor do máximo respeito. Enfrentar uma pessoa de prestígio é fonte de glória; matá-la, ainda mais; ser morto por uma é uma honra. Encontro nisso uma singular analogia com a história contada no filme americano *Mais forte que a vingança*, que mostra a estranha relação entre um caçador solitário e uma tribo indígena hostil a ele.

Quando se fala de certos comportamentos públicos e privados dos mafiosos aparentemente contraditórios, quando se destaca o seu respeito formal pelas aparências acompanhado de um forte senso de pertencer a um grupo, a conclusão mais óbvia é: aí está a dupla moral, típica da máfia. Na realidade, não se trata de uma dupla moral. Ou melhor, trata-se da dupla moral comum a todos os sicilianos, que a organização engrandece a nível criminal. Por muito tempo confundiu-se a máfia e a mentalidade mafiosa, a máfia como organização ilegal e a máfia como simples maneira de ser. Que erro! Pode-se muito bem ter uma mentalidade mafiosa sem ser um criminoso.

Quanto à dupla moral, ou duplicidade da alma siciliana, é uma herança espiritual da história, dos tempos em que a Sicília devia defender-se do mundo externo, criando uma maneira de ser que permitisse resistir ao ocupante e sobreviver. Os invasores chegavam de todo lugar, e todas as vezes os sicilianos foram obrigados a se adaptar a eles, ou pelo menos a fingir que se adaptavam até que fossem embora. No final partiam, mas deixavam como herança um temperamento que definiria como misoneísta – uma aversão a tudo que é novo –, feito de aparente submissão e de fidelidade às tradições, unidas a um orgulho delirante. O resultado é que os sicilianos adotam e assimilam qualquer novidade, mas em função de critérios e de escolhas que atendam aos interesses pessoais e coletivos.

Foi sobre essa herança espiritual que o mafioso construiu a sua forma própria de misoneísmo. Demonstra extremo respeito em relação à sociedade. Sabe perfeitamente onde deve viver, no âmbito das estruturas sociais, administrativas e políticas muito mais fortes que a sua organização, o que o estimula a simular cortesia, a mostrar uma deferência hipócrita. É a atitude de quem sabe encontrar-se em situação de inferioridade (em termos de estrutura e de relação de forças, repito, não de valores), leva em consideração que, em caso de guerra – guerra verdadeira –, inevitavelmente seria derrotado e deve, portanto, contentar-se com a guerrilha e, sobretudo, preparar-se para suportar a lei dominante.

Mal a presença do Estado na Sicília se enfraquece, o nível de enfrentamento aumenta. E o mafioso torna-se mais seguro de si, mais convicto da própria impunidade. O diálogo Estado/máfia, com os altos e baixos entre os dois sistemas, demonstra claramente que a Cosa Nostra não é um antiestado, mas mais uma organização paralela que quer aproveitar as imperfeições do desenvolvimento econômico, operando na ilegalidade, e que tão logo se sente verdadeiramente contestada e em dificuldades, reage como pode, abaixando a crista. Não esqueçamos que a máfia é a organização mais ágil, versátil e pragmática que se possa imaginar, em relação às instituições e à sociedade no seu conjunto.

O que digo, e me dou conta disso, pode soar paradoxal. Partindo da dupla moral da máfia cheguei ao Estado – mas como evitar falar do Estado quando se fala da máfia? – e à constatação que ela se alimenta do Estado e adapta o próprio comportamento ao dele. Como produto da *sicilianidade*, a máfia, como os sicilianos em geral, se sente ofendida pelo desinteresse do Estado e pelos erros cometidos pelas instituições, prejudicando a ilha. E quanto mais o Estado se desinteressar pela Sicília e as instituições se retraírem, tanto mais aumentará o poder da organização.

A dupla moral, que não impede o respeito à palavra dada, é a moral do "povo dos homens", como se autodefiniam também os Sioux. Não roubar, não desejar a mulher dos outros, são regras que valem no âmbito da própria etnia. Os filmes e os livros mais recentes nos têm feito compreender que as atrocidades cometidas pelos Sioux, ou pelos peles-vermelhas em geral contra os colonizadores brancos, tinham a sua lógica e um sentido para o seu povo. Quantas analogias entre os heróis de *Dança com lobos* e os sicilianos, mesmo quando a sua cultura é exacerbada e manipulada pela Cosa Nostra.

Os *homens de honra* não são nem diabólicos nem esquizofrênicos. Não matariam pai e mãe por alguns gramas de heroína. São homens como nós. A tendência do mundo ocidental, em particular o europeu, é a de exorcizar o mal o projetando em etnias e comportamentos que nos parecem diferentes dos nossos. Mas, se queremos combater eficazmente a máfia, não devemos transformá-la num monstro, nem pensar que seja um polvo ou um câncer. Devemos reconhecer que se assemelha a nós.

Aqueles que renegaram a Cosa Nostra compreenderam que cultura de morte ela difunde e exalta, e escolheram viver. Francesco Marino Mannoia suspirava diante de mim rememorando a época da sua filiação: "Que tragédia! E pensar que gostava tanto de belas mulheres e de Ferrari!" E lembrava as viagens a Nápoles para relaxar e se divertir, para levar uma boa vida, como se diz. Muitas vezes tentei imaginar a sua vida de "químico da máfia", que passa os dias refinando dezenas de quilos de morfina-base, fechado num laboratório improvisado, desconfortável, insalubre e fedorento. Tentei imaginar a sua vida na prisão, ele que pertencia ao lado dos que perderam a guerra da máfia, que havia trabalhado para todos e se encontrava trancado numa cela com os piores inimigos da sua *famiglia*, a Santa Maria de Jesus. Também tentei imaginar as relações de afeto que o ligavam ao irmão Agostino, filiado à *famiglia* de Ciaculli, aliada dos vitoriosos, e que, apesar disto, teria sido assassinado pelos corleoneses e seus aliados. Tentei, portanto, reconstruir o seu itinerário psicológico.

Por razões internas da Cosa Nostra, Mannoia tinha sido obrigado a casar com Rosa, filha do *capo* Pietro Vernengo, mesmo estando apaixonado por outra mulher, Rita, que além do mais, esperava um filho dele. Nunca se perdoou, e carregava um remorso intenso por causa dessa história. No final, Rita foi a sua companheira no seu percurso de *arrependido*, conduzindo magistralmente as tratativas de sua rendição com Gianni De Genaro. Mannoia nunca deixou de amá-la e teve mais um filho com ela.

Mannoia teve um raciocínio muito simples, que se sobrepôs ao seu tormento moral e sentimental: "Mataram meu irmão, que era a menina dos meus olhos; no cárcere, mataram Vincenzo Puccio, *capo della famiglia* de Ciaculli, que tentava conduzir a revanche dos palermitanos contra os corleoneses; é claro que chegou a minha vez. Se quero refazer uma vida ao lado de Rita, devo falar."

Mannoia escolheu a vida. Mas não porque tivesse medo da morte. A certa altura da sua existência, preferiu o amor aos tradicionais valores em conformidade com o código mafioso. Escolheu o que havia de vital e alegre, o que representava a possibilidade de proteger a sua companheira e os seus filhos.

Creio que o seu percurso seja revelador. Permite perceber o papel essencial que interpretaram as mulheres que estavam ao lado dos mafiosos que rejeitaram a máfia. As transcrições das conversas telefônicas registradas pela polícia nos revelaram uma grande quantidade de informações sobre as relações entre maridos e mulheres. Sobre o imenso afeto pelos filhos, sobre o incrível calor das relações familiares, coisas surpreendentes em pessoas impiedosas, habituadas a usar armas. E o extraordinário pudor entre as esposas, a discrição das conversas. Nunca uma mulher fez uma pergunta embaraçosa ou direta demais. Comentava um acontecimento – por exemplo, o maxiprocesso –, mas nada que se assemelhasse a um indício ou admissão de culpa.

Nesse sentido, a mulher de Calderone é um exemplo perfeito de "mulher de um *homem de honra*". Afetuosa, discreta, convincente, sem nunca dizer uma palavra gratuita, movida por uma devoção sem limites.

Calderone foi preso em Nice. Ela me ligou de lá. Ela, siciliana, mulher de mafioso: "Venha interrogar o meu marido. Ele tem muito para lhe dizer." Já havia discutido com ele os mínimos detalhes de sua colaboração com a justiça.

Também a mulher de Buscetta, Cristina Guimarães, que não é nem siciliana nem mafiosa, mas brasileira, foi fantástica no apoio que deu aos sentimentos mais íntimos do marido. Levou todo o tempo necessário para convencê-lo, esteve ao lado dele ininterruptamente. A tentativa de suicídio – autêntica – de Buscetta foi um ato de amor: queria deixar de criar problemas para ela, parar de tornar sua vida impossível.

Disso deduzi que as mulheres, que no passado raramente tinham participação na vida dos mafiosos – que se contentavam com uma família matriarcal na qual a esposa sem ser informada de nada sabia de tudo, mas se calava – as mulheres, dizia, assumiram um papel determinante: decididas e seguras de si, tornaram-se um símbolo do quanto há de vital, alegre e prazeroso na vida; entraram em colisão com o mundo fechado, obscuro, trágico, voltado para si e para quem vive da Cosa Nostra.

Infelizmente, não raro algumas mulheres ainda não se posicionaram diante da vida. Penso na mulher de Vincenzo Buffa, que havia começado a colaborar comigo. Cometi o erro de permitir que falasse com ela, como me pedia insistentemente. E ela o convenceu a retratar-se, a retirar as suas declarações. Até organizou uma espécie de revolta das mulheres no "bunker" do maxiprocesso, em Palermo: choravam, gritavam, protestavam em voz alta, não contra aquele Buffa, que queria infringir a lei do silêncio, mas contra os juízes que o haviam "obrigado" a comportar-se daquele modo.

A cultura da morte não está presente somente na máfia: toda a Sicília está impregnada por ela. Para nós, o Dia dos Mortos é uma grande festa: oferecemos doces que se chamam Cabeça de morto, feitos de açúcar duro como pedra. Solidão, pessimismo e morte são temas de nossa literatura, de Pirandelo a Sciascia. Quase como se fôssemos um povo que viveu demais e se sente golpeado pelo cansaço, fatigado, esvaziado como o Don Fabrizio de Tomasi di Lampedusa. As afinidades entre a Sicília e a máfia são inúmeras e eu certamente não sou o primeiro a destacar isso. Se o faço certamente não é para criminalizar toda a população. Ao contrário, o faço para que compreendam o quanto é difícil uma batalha contra a Cosa Nostra: ela requer não só uma sólida especialização em matéria de crime organizado, mas também uma certa preparação interdisciplinar.

Voltemos às afinidades, ao fatalismo, à sempre presente sensação da morte e a outros tipos de comportamento social e individual. A discrição, por exemplo, o costume de esconder os próprios sentimentos e qualquer manifestação emotiva. Na Sicília é totalmente inoportuno mostrar publicamente aquilo que experimentamos dentro de nós. Estamos mil milhas distantes das típicas manifestações meridionais. Os sentimentos fazem parte da esfera privada, e não há razão para serem exibidas publicamente. Em certo sentido, também compartilho essa mentalidade. Até escreveram que sou frio como uma serpente... A discrição natural deles obriga os sicilianos a não se meterem nos *assuntos dos outros*, o que é bom e ruim ao mesmo tempo. É fato que se intrometer em assuntos dos outros frequentemente causa incômodos.

Em agosto de 1984, interrogava Tommaso Buscetta num local sufocante, excessivamente quente, no último andar, logo abaixo do telhado da chefia da polícia de Roma. Literalmente, morríamos de calor. Dos andares inferiores, onde ficavam as acomodações dos agentes, subia uma mistura de músicas de rádios a todo volume. Insuportável. Chamei um dos agentes de guarda e lhe expus o problema. Respondeu que tentaria convencer os colegas a baixarem o volume. Mas não aconteceu nada. Então, Buscetta se levantou e fechou a janela. Perguntei por quê. E ele respondeu: "Porque, senhor juiz, se os agentes continuarem a fazer barulho, o senhor terá que intervir de forma mais enérgica, e talvez punir alguém. Se fecho a janela, não ouvimos mais o barulho e o senhor não terá que intervir." Raciocínio tipicamente mafioso e tipicamente siciliano: nunca se colocar na condição de poder mostrar abertamente a própria força e o próprio poder.

Outro hábito siciliano: os presentes. É incrível quantos presentes se dão na Sicília. Porque o presente é um sinal tangível de respeito. Quanto mais se recebe, mais se tem certeza de ser uma personalidade importante, admirada, venerada.

Mannoia dizia naturalmente: "Trabalhar com drogas é um negócio, um negócio que compensa. E eu, que refino heroína por bilhões, não posso dar um presente de cinquenta milhões ao *capo* da minha *famiglia*?" O presente faz parte das afirmações normais de estima. Quando um *homem de honra* da Santa Maria de Jesus quer comprar uma casa em Ciaculli, território dos Greco, não pedirá autorização ao *capo* desta *famiglia*, mas lhe fará uma doação digna de sua posição. E mais: quando Giuseppe Calderone, da *famiglia* de Catânia, protetor dos construtores de imóveis Costanzo, recebe os *capi* da máfia da área onde os Costanzo querem construir, discute com eles os presentes que serão dados à *famiglia* local da Cosa Nostra.

Também costumam presentear pessoas hierarquicamente inferiores. Pode-se presentear com uma Mercedes ou um Rolex o pessoal que ocupa posições inferiores na organização. Pode-se demonstrar certa generosidade durante as disputas da *famiglia* de em que um sujeito é preso, ou fazer um depósito em sua caderneta de poupança.

O presente, além de revelar grande generosidade, reflete exatamente as relações econômicas e de poder. Quando um advogado aceita assumir a minha defesa em um processo, e depois, por respeito ou amizade, recusa receber pagamento e me diz: "Você me dará um presente.", não só lhe darei o presente, mas ficarei em débito com ele. Uma maneira como outra qualquer de se criar amizades duradouras. Na máfia e fora dela.

A importância de uma certa "promiscuidade" entre a máfia e a sociedade siciliana nem sempre é clara. Nesse aspecto, Palermo é um exemplo típico. Eu vivi lá até a idade de 25 anos e conheço a fundo a cidade. Morava no centro histórico, na Praça Magione, num prédio de nossa propriedade. Ao lado havia uns *catoi*, locais úmidos onde moravam proletários e subproletários. Aos domingos, era um espetáculo vê-los saírem daqueles buracos, belos, limpos, elegantes, com os cabelos cheios de brilhantina, os sapatos engraxados, o olhar orgulhoso.

Depois de treze anos distante, voltei a Palermo, em 1978, e encontrei uma cidade que tinha mudado de aspecto. O centro histórico estava quase abandonado. E na Palermo

Liberty[11], as últimas vilas esplendorosas tinham sido demolidas para dar lugar a feios barracões. Encontrei, então, uma cidade desfigurada, vulgarizada, que em parte havia perdido a própria identidade. Fui morar na rua Notarbartolo, um caminho que desce na direção da rua da Liberdade, o coração de Palermo. A primeira coisa que o administrador do imóvel fez foi me enviar uma carta formal a respeito da minha presença, chamando a atenção para o temor de atentados: "A administração isenta-se de qualquer responsabilidade por danos que poderão ser causados às partes comuns do edifício..." Um dia, ao chegar em frente ao prédio, infelizmente acompanhado das costumeiras sirenes, carros de polícia e agentes com armas em punho, tive oportunidade de ouvir um transeunte sussurrar: "Para ser protegido deste jeito, com certeza deve ter feito alguma coisa muito ruim!" Mas estou divagando sobre Palermo. Falei dela para evocar a extraordinária contiguidade econômica, ideológica e moral que existe entre a máfia, a não máfia e a inevitável comunhão entre valores sicilianos e valores mafiosos, entre pertencentes à organização e cidadãos comuns. Lembro-me de uma colega de escola. Nós dois tínhamos quatorze anos e todos a cortejavam. Inclusive eu, mas sem sucesso. Voltei a vê-la quando estava com quarenta anos. Seu marido fora preso com dez quilos de heroína. Obviamente, abri mão do caso. Conto isso para dizer que a mistura entre a sociedade saudável

---

[11] Área de Palermo construída entre o fim do século XIX e o início do século XX, rica em construções típicas da época.

e a sociedade mafiosa em Palermo está sob a vista de todos, e a infiltração da Cosa Nostra constitui a realidade de todos os dias.

Fui também companheiro de turma de Franco la Parola, construtor civil, assassinado em 1984. Frequentávamos o Liceu Umberto. E joguei pingue-pongue com um que foi condenado a trinta anos de reclusão por tráfico de drogas pelo Tribunal de Florença, Tommaso Spadaro. Conhecemo-nos numa associação católica de bairro que meus pais me fizeram frequentar. Revi Spadaro depois da prisão, em 1983. Olhei-o atentamente e notei um movimento quase imperceptível nos seus olhos. Havia me reconhecido. Segui com o interrogatório e, no final, disse a ele: "Jogamos pingue-pongue juntos." Seu rosto se iluminou: "E que surras eu te dei!"

Essa contiguidade é a coisa mais difícil de se combater, sobretudo quando ela se transforma em uma relação de interesse ou de poder.

Penso nos Costanzo, ricos empreiteiros de Catânia, como os descreveu Antonino Calderone. Ele e seu irmão Giuseppe eram responsáveis pela segurança da empresa e de seus proprietários. Comumente, as grandes sociedades têm serviços de segurança nem sempre transparentes, seja em Milão ou Frankfurt. Nos Estados Unidos é possível até encontrar ex-agentes do FBI trabalhando ao lado de ex-criminosos. Na Catânia, os Costanzo tinham sido, digamos assim, "escolhidos" pelos Calderone para serem protegidos. Não é um delito, pensando de forma abstrata; mas, se ficarmos no concreto, a coisa pode assumir outro aspecto.

Esses grandes empresários pagavam um *pizzo** à máfia de Catânia em troca da proteção aos seus canteiros de obra. É um fato inocente? Certamente que não, porque os empresários sabem muito bem que o Estado possui o monopólio do exercício da força para a qual eles, confiando tal exercício aos mafiosos, atribuem a estes um poder que não podem exercer. E sabem perfeitamente o que isso causa: se alguém se apresentar num canteiro ou no escritório pedindo uma propina, os mafiosos reagirão com intimidação, violência e, talvez, com um homicídio.

Não se pode, portanto, dizer que os Costanzo e outros como eles, mergulhados na realidade siciliana, não poderiam trabalhar de forma diferente. Não podemos nos contentar em afirmar que, mesmo que realmente não façam parte da Cosa Nostra, não tenham cometido alguma ilegalidade. Ainda mais que a tarefa confiada a Giuseppe Calderone e seus "amigos" incluía uma série de ações significativas. Os Costanzo, sempre segundo a confissão de Antonino Calderone, haviam comprado uma reserva de caça nos arredores da Catânia destinada aos *homens de honra*, como sinal de gratidão pela eficiência de sua proteção. E tinham emprestado os seus escritórios para reuniões mafiosas. Não podiam igno-

---

* Extorsão feita com a cobrança de uma taxa ou porcentagem para assegurar a proteção e permitir o funcionamento do negócio em um determinado território sob o controle de uma família mafiosa. (N. do T.)

rar a natureza do seu sistema de proteção quando venciam uma concorrência em Trapani ou Palermo, ou além da sua área de atuação. De fato, se Giuseppe Calderone – "O Protetor" – se encontrava descoberto naquelas cidades, fazia um acordo com a Cosa Nostra local, graças ao qual os canteiros poderiam funcionar sem risco de sofrerem danos. Resumindo, os Costanzo não podiam ignorar que a tranquilidade deles dependia do pagamento de uma propina, mas sobretudo do uso de intimidações e ameaças.

Como iam as coisas efetivamente? Como atuava Giuseppe Calderone? *Capo* da máfia catanesa, ia em busca dos seus correspondentes de Palermo ou Trapani e iniciava com eles uma longa negociação: "Estabelecíamos entre nós as somas que os Costanzo deviam pagar..." Fixado o preço, depositado o *pizzo*, os *capi* de Trapani e Palermo garantiam a proteção aos canteiros dos Costanzo. O procedimento é o mesmo para toda empresa que queira atuar fora da sua zona de origem – onde gozam da proteção dos *capi* da máfia local – e arriscar-se em território desconhecido, onde necessitarão de estar protegidos contra arrastões e outras ações. Fica entendido que podem ocorrer homicídios para garantir o respeito a este "contrato de segurança com cobertura completa". Nesse caso, a contiguidade torna-se um delito.

Giuseppe Calderone contava ao irmão Antonino que Pasquale Costanzo, o Gino, tinha todas as qualidades, ou pelo menos todas as características para ser um *homem de honra*. Mas admiti-lo na *famiglia* catanesa não seria um bom negócio para ele. Passando a fazer parte da Cosa Nostra, e sendo um rico empresário, haveria uma verdadeira corrida de *homens de honra* tentando exercer o direito de obter ajuda e favores. Caso ele recusasse, então seria necessário expulsá-lo da *famiglia*, privando-o da proteção da Cosa Nostra.

Giuseppe Calderone acrescentou que conseguiu banir do ambiente da Cosa Nostra o sequestro de pessoas – que os corleoneses tendiam a multiplicar –, pelo simples fato de não dispor das forças necessárias para garantir cem por cento a segurança dos Costanzo, cujos filhos eram possíveis alvos de sequestro. Por isso, para defender os seus protegidos do risco de sequestro, e do consequente pagamento de resgate, em 1974 Calderone colocou em votação, graças à ajuda e à cumplicidade dos palermitanos também contrários a esses métodos, a primeira "lei regional" da Cosa Nostra.

Compreendo muito bem que, em termos gerais, se possa afirmar: "O relacionamento entre empresários e dirigentes de empresas com os mafiosos é de difícil compreensão porque é complicado estabelecer quem é a vítima e quem é o carrasco..." Pode ser. Em todo caso, não é admissível sustentar que pagar uma porcentagem seja uma atitude inocente: implica, na melhor das hipóteses, reconhecimento da autoridade mafiosa.

Mais uma vez, repito que a máfia não é um câncer que se desenvolve num tecido saudável. Ela vive em perfeita simbiose com um grande número de protetores, cúmplices, informantes, devedores de todo tipo, gente intimidada ou chantageada, em todos os níveis da sociedade. Esse é o terreno fértil da cultura da Cosa Nostra, com tudo aquilo que trás de implicações diretas ou indiretas, conscientes ou não, voluntárias ou obrigatórias, e que frequentemente recebem o consentimento da população.

Stefano Bontate, que no final dos anos 60 deu ordem para acabar com todos os ladrões do seu bairro, realizou uma operação de ordem pública que lhe valeu notável crédito aos olhos da população local. Quando, muito antes dele, os mafiosos rurais haviam substituído os velhos latifundiários prejudicando os "campieri" – espécie de vigias das terras, comuns na Sicília, assalariados pelos proprietários –, a população acolheu favoravelmente a marginalização de uma classe de parasitas improdutivos.

Mas a máfia não é uma sociedade de serviços que opera em favor da coletividade, mas sim uma associação de ajuda mútua que funciona às custas da sociedade civil, com vantagens somente para seus membros. Mostra, assim, a sua verdadeira face e se revela como "uma das maiores mistificações do sul da Itália", como a definiu o historiador inglês Denis Mack Smith. Não é fruto anormal do desenvolvimento econômico, mas produto das distorções desse mesmo desenvolvimento. Às vezes como articulação do poder, às vezes como antítese ao Estado dominador. De qualquer maneira, sempre um álibi.

IV – COSA NOSTRA

Podemos rir diante da ideia de que um criminoso de rosto duro como pedra, já marcado por numerosos crimes, coloque nas mãos uma imagem sagrada, e sobre ela jure solenemente defender os fracos e não desejar a mulher dos outros. Pode-se rir disso como se fosse um cerimonial arcaico, ou considerá-lo um verdadeiro deboche. No entanto, trata-se de um acontecimento extremamente sério, que compromete o indivíduo por toda a vida. Ingressar na máfia equivale a converter-se a uma religião. Não se deixa nunca de ser padre. Nem mafioso.

No momento da iniciação, os candidatos são conduzidos a uma sala, em um local retirado, na presença do *representante da famiglia* e de outros simples *homens de honra*. Frequentemente, estes últimos são alinhados de um lado, enquanto os iniciantes ficam do outro. Às vezes, os candidatos são trancados numa sala por algumas horas e depois saem, um de cada vez. A essa altura o *representante da famiglia* expõe as normas que regulam a organização aos futuros *homens de honra* afirmando, antes de tudo, que aquela que é comumente chamada de máfia, na verdade se chama Cosa Nostra. Então, adverte os recém-chegados que ainda está em tempo de renunciarem à filiação, e lembra as obrigações de quem pertence à organização, entre elas a de não desejar a mulher dos outros *homens de honra*; não explorar a prostituição; não roubar; não matar outros *homens de honra*, salvo em caso de absoluta necessidade; evitar delação à polícia; não entrar em conflito com outros *homens de honra*; demonstrar sempre um comportamento sério e correto; manter silêncio absoluto com estranhos a respeito da Cosa Nostra; nunca se apresentar sozinho a outros *homens de honra*, uma vez que as regras impõem que um *homem de honra* conhecido por aqueles com quem deve manter contato garanta que pertence a Cosa Nostra, dizendo as seguintes palavras: "Este homem é a mesma coisa."

Terminada a explicação dos mandamentos, e reafirmada a vontade do candidato de entrar para a organização, o *representante* convida os recém-chegados a escolherem um padrinho entre os *homens de honra* presentes. Então, dá-se lugar à cerimônia do juramento, que consiste em perguntar a cada um com que mão atira, fazendo um pequeno furo no dedo indicador da mão apontada para que saia uma gota de sangue com a qual se mancha uma imagem sacra, muito frequentemente a de Nossa Senhora da Anunciação, considerada padroeira da Cosa Nostra e festejada em 25 de março. Então, a imagem é incendiada, e o iniciado trata de não deixar que apague enquanto a faz passar de uma mão à outra, e jura solenemente jamais trair as regras da Cosa Nostra, merecendo, em caso contrário, ser queimado como a imagem.

Enquanto o dedo do iniciado é furado, o *representante* lhe recomenda severamente que não traia nunca, porque se entra na Cosa Nostra com sangue e dela só se sai com sangue. Detalhe curioso: em algumas *famiglie* se usa um espinho de laranjeira; em outras, um broche, sempre o mesmo (como na *famiglia* de Riesi, cujo *representante* mantinha um, de ouro, utilizado exclusivamente para esse ritual); em outras, ainda, um broche qualquer.

Depois, o *representante* ou *capo della famiglia* explica ao neófito os níveis hierárquicos da *famiglia*, da Província e da Cosa Nostra no seu conjunto. Destaca o *capo di diecina*, que como o próprio termo indica, está no comando de dez (ou mais) *homens de honra*, e pelo qual o iniciado será comandado. Não é admitida nenhuma ligação direta com o *representante*. Especialmente entre os palermitanos, é possível que alguns *homens de honra* sejam subordinados diretamente a ele, e tornem-se seus homens de confiança, encarregados das tarefas mais delicadas e secretas.

Com pequenas modificações de província para província, essas são as regras de filiação, segundo as descrições dos arrependidos, embora a cerimônia possa ser abreviada em caso de necessidade. Em casos de urgência são suficientes apenas três *homens de honra*, não importando se pertencem a *famiglie* ou províncias diferentes. Antonino Madonia, segundo contou o *arrependido* Calderone, tornou-se filiado na prisão de Ucciardone, em Palermo, na presença de três *homens de honra*; e Nello Pernice também teve uma cerimônia de filiação muito rápida, com um padrinho especial: Luciano Leggio em pessoa.

Nem todos podem entrar para a Cosa Nostra. Essa universidade do crime exige coragem, capacidade de cumprir ações violentas e, naturalmente, saber matar. Mas esta não é a qualidade fundamental. Saber matar é uma condição necessária, mas não suficiente. Muitas outras condições devem ser preenchidas. Pertencer a um ambiente mafioso e ter ligações de parentesco com *homens de honra* são, na fase inicial, grandes vantagens. O *arrependido* Salvatore Contorno lembra que, entre as exigências, ser do sexo masculino é indispensável, bem como não ter nenhum parente na magistratura nem nas forças policiais.

Para um *homem de honra* o insulto mais ultrajante é chamá-lo de *tira* ou *traidor*. A propósito, nos anos 60, no início da minha carreira, ainda em Trapani, lembro-me de uma disputa entre Mariano Licari, *capo* de Marsala, e um outro mafioso. "Você é um tira!", gritou o primeiro. E o outro respondeu: "Se eu sou um tira, você é um carabineiro a cavalo!" Naquele momento entendi que a aversão que os mafiosos sentiam pelos representantes do Estado era visceral.

Nas suas confissões, Tommaso Buscetta falou de outra regra não escrita da máfia: as decisões tomadas pela Comissão devem ser seguidas a todo custo, e o *capo della famiglia* do território em que será consumado o crime tem que ser inteiramente informado dele. Depois, em tom irônico, acrescentou: "Ninguém encontrará nunca uma lista com os nomes de quem pertence a Cosa Nostra, nem recibos de pagamento das cotas. Isto não impede que as regras da organização sejam rígidas e universalmente reconhecidas."

A célula-base da Cosa Nostra é a *famiglia*, com seus valores tradicionais: honra, respeito aos laços de sangue, fidelidade, amizade... Pode ter até duzentos ou trezentos membros, mas a média é de cerca de cinquenta. Cada *famiglia* controla o seu território, onde nada pode acontecer sem o consentimento prévio do *capo*. Na base dela está o *homem de honra*, ou soldado, que tem o seu peso na *famiglia*, independentemente do cargo que possa ocupar. Personagens lendários no interior da Cosa Nostra, como Calò Vizzini, Giuseppe Genco Russo e Vincenzo Rimi, foram soldados a vida toda, a despeito da influência e do prestígio que tinham. O mesmo aconteceu com Tommaso Buscetta.

Os soldados elegem o *capo*, chamado de *representante*, que é o encarregado de defender os interesses da *famiglia* junto a Cosa Nostra. A eleição se dá através de escrutínio secreto, precedida de uma série de sondagens e contatos. Quase sempre a eleição confirma por unanimidade o candidato escolhido. Uma vez eleito, nomeia um vice e, às vezes, um ou mais conselheiros. Entre o *capo* e os soldados, situa-se o *capo di diecina*.

Tudo isso revela o quanto a máfia é hierarquizada. Outro nível hierárquico: os *capi* das diversas *famiglie* de uma mesma província (Catânia, Agrigento, Trapani etc.) elegem o *capo* de toda a província, denominado *representante provincial*. Isso vale para todas as províncias, exceto a de Palermo, onde mais *famiglie* contíguas de um mesmo território – normalmente, três – são controladas por um *capo di distretto*, a liderança distrital, que também é membro da famosa Comissão, ou Cúpula Provincial. Essa Cúpula, por sua vez, nomeia um representante na Comissão Regional, formada por todos os responsáveis provinciais da Cosa Nostra: esse é o verdadeiro órgão de governo da organização. Os *homens de honra* também a chamam de "a Região", em referência à unidade administrativa (neste caso, a Sicília).

É a Região que promulga os *decretos*, vota as *leis* (como a que proibiu sequestros, na Sicília), resolve os conflitos entre as várias províncias, além de tomar todas as decisões estratégicas.

Em torno da Cosa Nostra gravitam grupos não mafiosos – como acontecia com o contrabando de cigarros, antes do tráfico de drogas –, que geralmente são coordenados por simples *homens de honra*, mas não fazem parte da máfia. Coordenação que frequentemente resulta de disputas na bandidagem napolitana para resolver suas inúmeras divergências internas e também para assumir a direção de seus negócios, visando ao lucro. Isso se verificou particularmente nos anos 70, quando a Cosa Nostra chegou até a organizar turnos para descarregar os navios de contrabando. De fato, somente uma embarcação entrava de cada vez no Golfo de

Nápoles, carregando de 40 a 50 mil caixas de cigarros. Esses carregamentos pertenciam ora à Comissão no seu conjunto, ora aos napolitanos de Michele Zaza. Tais regras de compartilhamento, muito precisas e estabelecidas pela Cosa Nostra, eram respeitadas por todos.

Por isso, a organização tinha nas mãos todas as cartas para monopolizar o controle do tráfico de entorpecentes destinados aos Estados Unidos. Alguns grupos se especializaram no fornecimento de morfina-base vinda do Oriente Médio e Extremo Oriente; outros se dedicaram exclusivamente à transformação da morfina em heroína; outros, ainda, consagraram-se à exportação de drogas nos Estados Unidos, onde a máfia dispunha de sólidas cabeças de ponte. Todos os grupos eram chefiados por *homens de honra*.

Falei longamente da Cosa Nostra, mas sem abordar diretamente a questão de sua definição. Nesse ponto, torna-se necessário um pouco de história. O fenômeno mafioso é conhecido há muito tempo. E alguns textos sobre a matéria, mesmo se referindo ao passado, já colocavam em evidência suas características. Entre 1875 e 1876, a Comissão de Inquérito Franchetti-Sonnino havia concluído que a máfia não tinha estatuto e não organizava reuniões, não possuía *capi* publicamente reconhecidos, senão os mais fortes e os mais hábeis; que exercia grande influência sobre todas as formas de crime, imprimindo-lhes características particulares que distinguiam a criminalidade siciliana de todas as outras.

Franchetti e Sonnino destacaram particularmente como o interesse do Estado no combate à máfia se mostrava episódico, variável e incerto. O diagnóstico daqueles dois honestos parlamentares seria confirmado com o tempo: o Estado passaria de uma tentativa de repressão séria, como a do prefeito Mori, as declarações tranquilizadoras dos procuradores gerais que inaugurariam os anos judiciários posteriores.

Entretanto, nos limitemos ao pós-guerra. Em 1956, a procuradoria geral de Palermo declarou que a delinquência mafiosa estava praticamente morta; em 1957, que os delitos eram consequência de conflitos entre quadrilhas rivais; em 1967, que a criminalidade mafiosa tinha entrado numa lenta mas firme fase de decadência; em 1968, prognosticou o afastamento dos mafiosos de seu habitat, imaginando que fora da Sicília eles se tornariam inofensivos...

Falo tudo isso para lembrar quanto o problema da máfia foi subestimado, também na nossa história recente. A virulência atual da Cosa Nostra em parte é fruto dessa subavaliação e dessa ignorância. A máfia se caracteriza pela sua rapidez em adaptar valores arcaicos às exigências do presente, pela sua habilidade em se mesclar com a sociedade civil, pelo uso da intimidação e da violência, pela quantidade e estatura criminal de seus adeptos, pela sua capacidade de ser sempre diferente e sempre ser igual a si mesma.

É necessário destruir o mito da suposta nova máfia. Ou melhor, devemos nos convencer que há sempre uma nova máfia pronta para substituir a antiga. Já no final dos anos 50 se falava de "mafiosos sem princípios", que haviam transformado a velha e respeitável máfia rural em uma organização cruel, envolvida até o pescoço com a especulação imobiliária. Na época, falava-se de Tommaso Buscetta como um mafioso de estilo novo, sem moral e sem valores. Esse mesmo Buscetta que hoje é citado como um *homem de honra* à antiga!

Todas as vezes que a Cosa Nostra se volta para atividades mais rentáveis e eleva o nível do perigo social representado por ela, não se fala de outra coisa se não de uma nova máfia. Uma sentença da Corte de Cassação*, de 1977, afirma com incrível segurança que a velha máfia não era uma associação criminal, enquanto a nova o é: aí está outra contribuição das instituições para a não compreensão do fenômeno e a desinformação. De minha parte, lembro que em 1979 alguns colegas me perguntavam: "Mas você acredita mesmo que a máfia exista?", enquanto outros falavam de "germinação espontânea do fenômeno mafioso" também distante da Sicília.

Magistrados e policiais procuravam se convencer de que a atual ineficiência do Estado fosse devida à entrada em cena de uma máfia mais feroz e sofisticada que a precedente. Mas a velha e nobre máfia era apenas uma lenda. Prova disso, os episódios criminosos mais desumanos e es-

---
* A mais alta corte da Itália. (N. do T.)

petaculares do pós-guerra. Não considerando o massacre em Portella delle Ginestre e os assassinatos de diversos sindicalistas, podemos lembrar que, em 1963, a primeira guerra da máfia culminou com a explosão de uma Alfa Romeo Giulietta recheada de dinamite, matando sete carabineiros; em 1969, a chacina na avenida Lazio, em Palermo, revelou a crueldade da Cosa Nostra; em 1970, a máfia foi implicada numa tentativa de golpe de Estado, o chamado Golpe Borghese; em 1971, o procurador da República em Palermo foi assassinado; em 1974, o contrabando de cigarros, em máxima expansão, atestava que a máfia atingira um nível que deveria ter soado como alarme para as instituições; em 1980, a Cosa Nostra controlava grande parte do tráfico mundial de heroína destinada aos Estados Unidos...

Não se compreendeu, ou não se quis compreender, que por trás desses episódios havia somente uma única máfia. E bastaria reler os relatórios da polícia dos anos 60 para descobrir que certas personagens importantes, que depois se tornaram *capi*, já eram citados; e que a estrutura de base da organização já era conhecida (fazia-se até referência aos *capi di diecina* e aos representantes).

Mas um manto de silêncio cobriu rapidamente o fenômeno mafioso: os anos 70 foram os anos do terrorismo. Todos os melhores magistrados, ou quase todos, e a maior parte das forças policiais estavam empenhados na luta contra as Brigadas Vermelhas e outras organizações terroristas. Poucos se interessavam pela máfia. Naquele momento, o tráfico de entorpecentes se intensificou e ela se transformou na potência que é hoje. Portanto, um grave erro foi cometido num momento em que se dispunha de todas as informações e condições para compreendê-la e combatê-la.

A transição de uma máfia pouco ativa no campo econômico para uma cada vez mais agressiva se deu entre 1974 e 1977. Segundo Buscetta, o tráfico de heroína era então controlado por três *famiglie* de Palermo – a de Porta Nuova, com Nunzio la Mattina; a de Brancaccio, com Giuseppe Sàvoca; e a de Pagliarelli, com Antonino Rotolo – que se aproveitaram com habilidade da rede internacional de contrabando.

Nos anos seguintes, graças ao enfraquecimento da repressão, a máfia prosperou em todos os setores da economia. Começava-se a falar da máfia das licitações públicas e subempreitadas, da máfia dos supermercados, da máfia dos comerciantes, da máfia das propinas e extorsões... como se existisse uma miríade de organizações, uma ao lado da outra. Como se a máfia não fosse única e indivisível.

Evidentemente, a verdade é outra. Basta nos determos um instante sobre a grande guerra da máfia para se compreender o caráter unitário da Cosa Nostra. A origem dessa guerra remonta ao início dos anos 70, quando algumas *famiglie* fizeram verdadeiras fortunas graças ao tráfico de entorpecentes. Gaetano Badalamenti, na época um dos poucos *capi* em liberdade, lançava as bases do comércio com os Estados Unidos, particularmente em Detroit, onde tinha sua cabeça de ponte. Salvatore Riina, o corleonês, se deu conta disso durante uma conversa com Domenico Coppola, residente nos Estados Unidos, que foi convocado propositalmente por ele para ir à Sicília. Estavam lançados os pressupostos para a explosão da guerra das máfias.

Acrescente-se que, segundo o *arrependido* Antonino Calderone, também Luciano Leggio, outro corleonês, escapando da vigilância da polícia, naqueles mesmos anos começou a montar uma rede de novas alianças a partir da Catânia, que ainda são válidas. Gaetano Badalamenti se deu conta de que estavam tramando contra ele e, então, decidiu eliminar algumas pessoas, especialmente Francesco Madonia, da *famiglia* de Vallelunga (Caltanissetta), com quem Leggio se ligara fortemente. Em janeiro de 1978, Salvatore Greco, apelidado "Cicchiteddu" (Passarinho), vindo da Venezuela, onde residia, mas que ainda mantinha toda a sua influência sobre a Cosa Nostra, encontrou-se com Gaetano Badalamenti numa reunião na Catânia. Este, acompanhado de Santo Inzerillo, seu fiel amigo, levantou o problema da eliminação de Francesco Madonia, acrescentando que Giuseppe di Cristina, *capo della famiglia* de Riesi, estava disposto a realizar o serviço.

Contudo "Cicchiteddu", o Passarinho, o aconselhou a suspender a decisão e transferi-la para mais tarde, e convidou Cristina a deixar o cargo de *capo della famiglia* e ir "repousar" na Venezuela com ele. Retornando a Caracas,

Greco morreu prematuramente, em 7 de março de 1978, de causas naturais.

Em 16 de março, Francesco Madonia foi assassinado, segundo declarações de Antonino Calderone, por Giuseppe di Cristina e Salvatore Pillera (enviado como reforço pelo catanês Giuseppe Calderone). Porém, em 30 de abril foi a vez de Giuseppe di Cristina, assassinado após sua tentativa de fazer contato com os carabineiros. Em 30 de setembro foi morto Giuseppe Calderone e, fato mais importante, Gaetano Badalamenti foi *deposto* por sua *famiglia*. Ainda que não fosse caçado, decidiu se esconder: temia ter chegado a sua vez de ser eliminado. Na mesma época, Stefano Bontate, *capo della famiglia* de Santa Maria de Jesus e aliado de Badalamenti, dormia com sua família na sua villa de Magliocco, em Palermo, armado até os dentes; ele também esperava pelo pior, o que só aconteceu em abril de 1981, porque a vingança dos corleoneses também se faz de adiamentos, chegando quando menos se espera.

Digo isso para explicar somente uma coisa: de fora da Cosa Nostra acreditava-se que ela se tornara mais bárbara em função do tráfico de drogas, e que a guerra da máfia de 1981-83 tivesse sido detonada por questões de dinheiro. Mas as coisas aconteceram de maneira diferente. Sem dúvida, as diferenças internas haviam se agravado, mas a guerra se inseriu num contexto em que o que estava em jogo era muito mais importante que o tráfico de drogas.

As rivalidades remontavam a dezenas de anos antes, e a guerra constituiu somente o epílogo de uma velha história, o momento do acerto de contas de antigos conflitos de *famiglie* e de territórios, portanto de competência, que colocaram em discussão a tradicional hegemonia palermitana no interior da Cosa Nostra. Até aquele momento, os representantes da capital eram de fato os senhores da Cosa Nostra. O problema levantado pela guerra foi, portanto, uma questão de poder.

A guerra terminou com a eliminação sistemática de todos que eram considerados hostis aos objetivos ditados pela supremacia dos corleoneses e seus aliados – até entre os parlemitanos eles existiam. Desse assustador banho de sangue que custou centenas de mortos, a Cosa Nostra saiu com uma estrutura ainda mais reforçada, compacta, compartimentada, rigidamente hierarquizada e clandestina, como nunca antes tivera, exatamente como Buscetta havia prognosticado. Os rebeldes e os mais recalcitrantes foram eliminados um após o outro.

A Camorra napolitana e a 'Ndrangheta calabresa, também frequentemente chamadas de máfia, não têm a estrutura unitária, hierarquizada e os compartimentos estanques da Cosa Nostra. Ambas têm uma organização, digamos, horizontal.

Na 'Ndrangheta a seleção acontece sobretudo em função de relações familiares, o que provoca guerras entre os clãs e ódios que se transmitem de geração em geração. Especializada no sequestro de pessoas – frequentemente os sequestros ocorrem fora da Calábria, com reféns depois transferidos para Aspromonte –, desenvolveu um tipo de atividade mais arcaica, embora não menos perigosa que a da Cosa Nostra. Aos sequestros, somaram-se o controle dos contratos e subcontratos, a imposição da cobrança de propinas, e o tráfico de drogas em constante expansão.

A Camorra, um conglomerado de organizações locais frequentemente em conflito, fez algumas tentativas de unificação. A mais significativa foi orquestrada por Raffaele Cutolo, atualmente preso, e terminou com um mar de mortes no início dos anos 80. Novamente, a lógica da organização horizontal prevaleceu. O objetivo da Camorra era o controle de todas as atividades ilegais no território da Calábria.

Durante uma conversa que tive com Tommaso Buscetta sobre a Camorra e a 'Ndrangheta, ele se expressou de forma um tanto enigmática: "Da Camorra não quero nem falar. Não perco tempo com palhaços capazes até de recrutar guardas municipais. Quanto a 'Ndrangheta, senhor juiz, está seguro de que ela existe realmente?"

Acredito ter compreendido o sentido de tais afirmações. Buscetta queria dizer que, além das aparências, aquilo que chamamos de agregação ou agrupamento de organizações criminosas calabresas na realidade são grupos de pessoas ligadas somente por vínculos de sangue e por uma atitude comum de enfrentamento ao Estado. Sobretudo, queria dizer que as características criminais do fenômeno calabrês tinham relação com uma outra realidade, diferente da máfia siciliana.

Explico melhor. Atualmente, a criminalidade organizada na Calábria mostra ter adquirido um certo fôlego, e o seu potencial supera muito as forças com as quais pode contar localmente. Fazendo acordos com a máfia siciliana, a 'Ndrangheta se transformou e se tornou muito mais perigosa. Acredito que se possa dizer que muitos *capi* da 'Ndrangheta são filiados a Cosa Nostra. Um indício: quando o mafioso canadense Paul Violi veio à Sicília, no início dos anos 60, foi ao encontro de Giuseppe Calderone, na Catânia; na Calábria, visitou a casa de Paolo Di Stefano, considerado *capo* da máfia local.

Enquanto essas organizações mantiverem uma estrutura horizontal e pouco hierarquizada, será um pouco menos difícil combatê-las. Foi o que se verificou em Nápoles, no tempo em que de um lado havia Raffaele Cutolo com a sua *Nuova Camorra* organizada, e do outro a *Nuova Famiglia*. Observando-se as relações e as rivalidades de cada grupo, tornou-se relativamente mais simples estabelecer as ligações entre os assassinos e suas vítimas. A repressão provocou sucessivas pulverizações das organizações napolitanas, cujo desmantelamento definitivo se mostra hoje menos problemático, apesar de a sua periculosidade ser crescente.

É interessante destacar os efeitos contrastantes causados pela repressão dos anos 80 enquanto na Campânia os grupos criminosos se pulverizavam, na Sicília eles se fechavam em si. Daí se deduz que é preciso adotar estratégias diferenciadas: de fato, não se pode pensar que as prisões de chefes camorristas locais tenham para os napolitanos impacto equivalente ao que significariam as prisões de Salvatore Riina ou Bernardo Provenzano para a Cosa Nostra.

É preciso estudar estratégias diferenciadas de acordo com o tipo de máfia que se deve enfrentar. Quanto mais uma organização é centralizada e clandestina, mais perigosa é, porque dispõe dos meios para controlar eficazmente o mercado e manter a ordem sobre o seu território, com um brevíssimo intervalo entre o processo de decisão e a entrada em ação. Numa organização dividida por mais centros de poder, as coisas são consideradas de maneira diferente.

O raciocínio vale também para o nível internacional. Uma coisa é a situação atual, na qual as organizações criminosas de alguns países fecham acordos limitados, de alcance local; outra é a eventual evolução da criminalidade organizada em um pacto federativo de grandes dimensões. Imaginemos que os Lobos Pardos turcos na Alemanha se aliem com os mafiosos sicilianos e com os dos Estados Unidos e Austrália, e ainda com as tríades chinesas da América do Norte, uns e outros se movimentando através das tradicionais rotas de emigração, que continuam sendo as mais seguras da criminalidade internacional.

O problema é sério, ainda que agora pareça abstrato e puramente teórico. Para sobreviver e se desenvolver, o crime organizado tem necessidade de apoiar-se em particularidades locais e nas velhas culturas que lhe asseguram suficiente proteção em relação ao mundo externo. Precisa criar, ao mesmo tempo, modelos universalmente válidos sobre os quais possa basear seus futuros acordos internacionais. Na perigosíssima possibilidade de uma homologação de modelos de organização criminosa, chegaríamos a um ponto em que não se distinguiriam mais os tradicionais métodos da Yakuza, das tríades chinesas e da Cosa Nostra. Estaria em ação um modelo de máfia universal, e eu me pergunto como poderíamos combatê-lo. Enquanto isto, esse modelo começa a tomar forma, baseado na forte tradição dos grupos étnicos; na extraordinária capacidade de controlar o território e executar decisões tomadas; no desenvolvimento de primitivas formas de comércio, como os escambos de uma determinada época. Um mafioso siciliano poderia ceder (e já o faz) um quilo de heroína 80% pura a um membro dos vários cartéis colombianos em troca de três quilos de cocaína: os dois ganhariam, porque a mercadoria seria distribuída em mercados diferentes. O lucro derivaria do fato que os preços mudam nos variados países.

Felizmente, ainda existe um forte obstáculo a essa grandiosa unificação: a barreira linguística. Como fazer para que pessoas que falam o dialeto siciliano se comuniquem com outras que falam o chinês do Cantão ou de Hong Kong? E já que até agora não existe o "Esperanto da criminalidade", que eu saiba, podemos esperar bastante...

* * *

Fiz apenas alusão a Cosa Nostra americana e às máfias do Leste. Não por acaso. Ainda que a máfia soviética e de outros países do ex-bloco comunista causem problemas muito sérios – as vias dos Balcãs há muito tempo são amplamente utilizadas pelos traficantes de heroína, com apoio de criminosos locais relativamente aguerridos –, não existe no Leste uma organização comparável a Cosa Nostra. Sem dúvida, a queda das barreiras estatais e ideológicas levará a um inevitável incremento dos tráficos ilegais, mas a máfia soviética, no momento, é sobretudo um fenômeno de corrupção administrativa generalizada. Não se pode colocar tudo no mesmo saco e chamar de máfia aquilo que não é, senão nos mostraríamos incapazes de elaborar estratégias diferenciadas e as nossas ações se revelariam menos eficazes.

A Cosa Nostra americana merece um exame mais aprofundado, ainda que as suas relações com a máfia siciliana sejam hoje distantes. Originalmente era uma simples filial da organização siciliana, nascida no rastro dos movimentos migratórios da Itália meridional para o Novo Mundo, com o objetivo de se opor aos abusos de outros grupos étnicos, aparentemente mais fortes e melhor organizados.

Com o passar do tempo, mesmo sem perder sua identidade original, a Cosa Nostra americana evoluiu. Por exemplo, Buscetta me contou que assistiu ao segundo casamento de um mafioso em que estavam presentes os filhos do primeiro casamento: uma coisa totalmente impensável na Sicília. Portanto, as duas organizações mudaram hábitos e mentalidades em função das regiões em que se desenvolveram. Na prática, esta dupla evolução resultou numa autonomia progressiva, hoje total, da máfia americana. Inclusive nos tipos de atividade: se os americanos fazem da exploração das casas de jogos e da prostituição uma de suas principais atividades, os sicilianos se recusam a isto; se os americanos se especializaram nos mercados ilegais, os sicilianos tendem a misturar o legal e o ilegal, e, mesmo não organizando o tráfico de drogas em seu próprio território, participam dele individualmente, com temível eficiência.

Em 1957, durante uma famosa reunião no Hotel das Palmas, em Palermo, alguns enviados especiais da Cosa Nostra* americana estiveram presentes. Completamente independentes, aconselharam os colegas sicilianos: para resolver seus conflitos internos e unificar a organização, deviam fazer como eles, criando uma Comissão centralizada na qual teriam lugar os representantes de todas as *famiglie*.

Outra prova concreta da autonomia entre as duas organizações da Cosa Nostra: durante uma conversa telefônica de 1972, gravada por microfones instalados no bar-leiteria do

---

* A Comissão, como estrutura de governo mafioso supremo, surgiu na Cosa Nostra norte-americana para evitar guerras entre famílias e planejar melhor sua atuação nacional e internacional. Nesse encontro, a sugestão de centralização foi dada pelo chefe Joe Bonanno, siciliano radicado no Canadá. (N. do T.)

mafioso Paul Violi, em Montreal, esse homem confirma que o tempo das "equivalências" acabou. Um certo Carmelo Cuffaro, *homem de honra* de Agrigento, vai encontrá-lo no bar e falam um pouco sobre a situação siciliana: "Está tudo confuso em Palermo?", pergunta Violi, que em seguida pede notícias de alguns *homens de honra* e da situação do mercado internacional.

Logo se compreende que Violi pertence à máfia americana (é *capo* dos membros da *famiglia* Bonanno, residente em Montreal, uma espécie de apêndice da Cosa Nostra americana em terras canadenses). Ele explica a Cuffaro: "Não pense em desembarcar aqui e sair fazendo o que quiser. Vigiaremos você, seguiremos os seus movimentos atentamente e, se julgarmos que o seu comportamento é correto, faremos o que deve ser feito para que você possa entrar." Em outras palavras, Paul Violi confirmava que a admissão de sicilianos de além do Atlântico já não era mais automática como antigamente.

Um pequeno parêntese: essa interessante conversa em dialeto siciliano, traduzida para o inglês, foi transmitida para a Itália em 1976. Passou por diversos escritórios do Ministério do Interior antes de aportar no Tribunal de Agrigento, encarregado do caso Cuffaro, mas não foi logo utilizada. Num dia de 1984, logo após o interrogatório de Buscetta, por sorte me telefonou um dedicado magistrado de Agrigento: "Tenho aqui algumas traduções de gravações feitas no Canadá em 1972, que têm tudo para confirmar o que Buscetta disse..."

Outra história demonstra a autonomia das duas máfias, a americana, que por princípio não se envolve com o tráfico de drogas, mas fecha os olhos aos *homens de honra* que dele participam, e a Cosa Nostra siciliana, que – não se esqueçam – como organização não faz parte deste tráfico, mesmo que homens e *famiglie* se ocupem dele individualmente utilizando as redes e o suporte da organização. No início de uma investigação, que se desenvolvia paralelamente nos Estados Unidos e na Itália, havíamos identificado mafiosos americanos e alguns sicilianos implicados no tráfico de drogas e, sem dúvida, pertencentes à Cosa Nostra da ilha.

Estávamos em 1987 quando nos foi informado de um movimento entre Marselha, Palermo e os Estados Unidos. A polícia dizia que o organizador desse tráfico pertencia à máfia siciliana. Porém, a interceptação de uma ligação entre o homem e sua mulher nos fez também perceber a presença de mafiosos americanos no tráfico. Ela lhe pedia insistentemente para fazer o pagamento de uma remessa (um lote de drogas apreendido pela polícia) e ele respondeu: "Não posso fazer nada. O conselho de administração do hospital não permite isso." Traduzindo, a máfia americana não podia interceder, porque seus organismos dirigentes impediam a participação no tráfico de drogas.

Para nós, juízes instrutores, foi uma confirmação importante: aquele sujeito, chamado Mariano Piazza, era um traficante de drogas ligado à máfia siciliana e não à americana, portanto não podia pedir ajuda aos americanos. As duas organizações eram perfeitamente autônomas e nenhuma das duas podia dar ordens à outra.

Se fizermos um balanço das informações sobre a máfia que atualmente estão em nosso poder, nos daremos conta de que sabemos muito, de que adquirimos ao longo de dez anos uma bagagem cultural sem precedentes, favorecida pelo surgimento dos arrependidos e pela incisiva repressão. E também estamos conscientes de que temos um método. Conhecemos a estrutura da organização, seus mecanismos de intervenção e até o seu modo de pensar.

No entanto, alguns dados essenciais continuaram a escapar de nós. Ignorávamos onde se escondiam e de que redes de proteção se valiam *capi* importantes como Salvatore Riina, Bernardo Provenzano e meia centena de outros *capi* da organização. Não sabíamos como se chamavam muitos *homens de honra,* e alguns tão insuspeitos que era quase impossível identificá-los. Ao lado deles havia ainda os "colarinhos brancos", que levam uma vida legal aparentemente irrepreensível enquanto administram o dinheiro proveniente das atividades ilícitas.

Contudo, o nosso maior problema começou no fechamento, na crescente clandestinidade da Cosa Nostra que se seguiu à guerra da máfia e à repressão; as notícias não circulavam como antes entre os *homens de honra,* cada um confinado na sua *famiglia* de origem – uma imposição dos corleoneses para estancar a hemorragia causada pelos *arrependidos*. Portanto, magistrados e investigadores recebiam menos informações. As notícias mais recentes remontavam às confissões de Francesco Marino Mannoia, isto é, 1990. Uma data próxima, mas, se nos dois ou três anos seguintes não fôssemos capazes de aproveitar a mina de informações que ele nos fornecera, a luta antimáfia sofreria uma brusca regressão e o Estado recairia na sua habitual impotência.

Uma afirmação desse tipo me custa muito, mas, se as instituições continuarem com sua política de miopia no combate à máfia, receio que a sua absoluta falta de prestígio nos territórios em que a criminalidade organizada prospera não fará mais do que favorecer ainda mais a Cosa Nostra.

A Cosa Nostra continua a adaptar incessantemente seus próprios métodos aos novos tempos, tornando-os cada vez mais sofisticados. Aprendeu até a frustrar os grampos telefônicos. Sabe-se quanto o telefone é um elemento indispensável ao tráfico de drogas. Os investigadores multiplicaram os grampos, mas os criminosos também se tornaram mais astutos. Houve realmente um desenvolvimento de conversas em código: "Leve-me quatorze cavalos ao Plaza de Milão." Certamente não se pedia ao interlocutor para entregar uns cavalos num hotel da capital lombarda...

Outro exemplo: quando Gaetano Badalamenti foi preso na Espanha, em 1984, encontraram escondidos no seu cabelo uns números de telefones de cabines públicas de Nova York, seguidos dos algarismos 1, 2, 3 etc. Como aconteciam as ligações entre Badalamenti e seus amigos mafiosos? "Ligue-me dentro de uma hora para o número 1" ou "Dentro de meia hora para o número 3". Assim, se esquivaram por muito tempo das interceptações, já que os investigadores não sabiam a que cabine correspondia cada número. Pouco a pouco, o crime organizado adotava técnicas mais sofisticadas que colocavam à prova a habilidade profissional dos investigadores.

Uma investigação sobre Francesco Màfara, confiada a mim em 1980, me permitiu verificar a crescente sofisticação dos métodos criminosos. Tinha começado em Roma, depois da apreensão de dez quilos de heroína. Albert Gillet, um belga proveniente dos Estados Unidos, foi detido no aeroporto de Fiumicino: já era surpreendente o fato de um transportador importar heroína, quando o movimento geralmente se dá no sentido inverso. Segundo motivo de espanto: a heroína tinha 86% de pureza, porque teria sido devolvida? Na época, não sabíamos que os americanos consideravam que 86% de pureza eram insuficientes, razão pela qual a mercadoria havia retornado ao remetente.

Deixarei de lado as investigações que nos permitiram descobrir outros cúmplices belgas, como Paul Eric Charlier e Louis Barbet, bem no centro da própria seção antidrogas da Bélgica, para falar da última surpresa desse extraordinário acontecimento: Gillet tinha um número telefônico de Palermo. Era o que usava para avisar "Ok, chegou. Está tudo bem!".

O número correspondia a um telefone público de uma tabacaria da rua Oreto, cujo proprietário, Carmelo Cinquemani, recebera uma citação na época das minhas investigações bancárias para o processo Spatola. Mandei uma dupla de policiais fazer uma visita a ele. Negou ter recebido telefonemas: na sua loja – esclareceu – não se podia receber ligações, só fazê-las.

Não me convenceu e, então, mandei controlar o telefone. Os técnicos descobriram que a campainha – por norma desativada nos telefones públicos – estava ativada. Então, o aparelho de Cinquemani podia receber chamadas. Engenhoso! E pensar que há gente que acha que os mafiosos não passam de trogloditas incapazes!

Todas as informações reunidas sobre a Cosa Nostra e a evolução dos seus métodos foram de enorme importância para a atuação dos magistrados e das forças policiais. No que me diz respeito, sobretudo me facilitaram a análise dos vários acontecimentos criminosos submetidos ao meu exame. Diante de episódios de tráfico de drogas, pouco a pouco aprendi a descobrir se neles havia ou não o envolvimento de organizações mafiosas; e a entender que, no caso de desaparecimento de pessoas, se tratava de uma ausência momentânea ou de um caso de *lupara bianca*. O mesmo vale para os meus colegas do pool antimáfia. Hoje, ninguém pode falar de "desconhecida mão assassina" ou de "acerto de contas entre quadrilhas rivais" para indicar os crimes da máfia.

Há alguns meses, em Palermo, se verificou um acontecimento do qual desconheço o epílogo, cujas premissas me eram familiares até demais. Foi preso um tal Giuseppe Giuliano, apelidado "Folonari" por causa de sua conhecida propensão a beber um bom copo de vinho. Uma patrulha da polícia havia notado duas pessoas numa moto seguidas por um carro com passageiros a bordo e, do outro lado da rua, um furgão com as janelas cobertas por folhas de jornal. Seu motorista notou que era observado e atravessou o furgão, bloqueando a circulação de forma que a polícia não conseguisse aproximar-se da viatura suspeita, que se afastava a toda velocidade. O furgão era claramente um olheiro, enquanto os passageiros do sedã eram muito mais importantes do que os do furgão, incluindo Folonari, que deliberadamente deixaram-se ser presos.

Todavia, Folonari não era um qualquer: era amigo do chefão Giuseppe Lucchese. E estava com luvas cirúrgicas, uma Magnum 357 com número de série raspado e seis balas no tambor, e com um galão de gasolina. Provavelmente planejavam um *homicídio excelente*, e o furgão, roubado dois anos antes, tinha uma função logística, enquanto a gasolina serviria para incendiar o carro dos assassinos quando a ação fosse concluída.

Neste ponto, levanto uma hipótese: tensão e sofrimento (se podemos chamar assim) atingiram um alto grau no interior da Cosa Nostra. Um atentado espetacular, um *homi-*

cídio excelente, por exemplo, contra um representante do Estado e também contra outros, poderia ter a função de elemento pacificador entre dois "espíritos" que disputavam a máfia: os palermitanos, determinados a uma revanche, e os corleoneses, que desde 1982 haviam retirado da capital o controle da organização.

Mas não só os magistrados fazem esse tipo de análises e hipóteses. Penso no relato de um *homem de honra* como Salvatore Contorno a respeito do atentado de que foi vítima em 1981. Estava no carro, na periferia de Palermo, quando, na altura da ponte Brancaccio, se deu conta de que o carro à sua frente estava muito lento. De repente, de pé à porta de uma casa, viu o matador Mario Prestifilippo, que conhecia bem até demais. E falou para si: "só falta a moto". E ela também apareceu. Estava na cara que queriam matá-lo. Jogou-se para o lado direito do carro e com um empurrão mandou para a calçada o rapaz que estava a seu lado. Uma rajada de Kalashnikov fez o para-brisas em pedaços, atingindo-o de raspão (chumaços de cabelos de Contorno foram encontrados pela polícia no interior do veículo). Abriu a porta direita e procurou se esconder atrás do radiador, onde se sentia mais seguro, protegido pelo motor. Empunhou a pistola, mirou no sujeito da motocicleta e o acertou. Saberia depois que se tratava do matador Pino Greco, o "Scarpazzedda", que se salvou graças a um colete à prova de balas.

Por que relembro esse episódio? Porque ele demonstra, mais uma vez, como os mafiosos são hábeis, determinados e inteligentes; e quanta habilidade e profissionalismo são necessários para enfrentar a violência mafiosa. A minha grande preocupação é que a máfia consiga sempre manter uma vantagem sobre nós.

V – LUCROS E PERDAS

Prostituição: nada é mais desonroso para um siciliano, e mais ainda para um *homem de honra*. É por isso que, ao contrário do que acontece além do Atlântico, essa atividade não aparece no balanço da máfia siciliana. Vejo nisso toda densidade das diferenças culturais que se têm acentuado ao longo dos anos. Nos Estados Unidos, onde a Cosa Nostra atingiu um alto nível de "evolução", "civilidade" e "refinamento", a exploração à base de 2 mil dólares por noite não causa problemas de perda de dignidade. Lá, a prostituição não carrega a aura de sórdida degradação que a caracteriza na Sicília. O mesmo vale para os jogos de azar, que não suscitam reprovação, mas constituem uma fonte de lucros importante.

Não na Sicília. A Cosa Nostra não inclui o jogo entre as atividades reconhecidas. O *arrependido* Angelo Epaminonda, consumidor e traficante de cocaína, metade siciliano e metade milanês, estava envolvido com jogos de azar. Mas não era um *homem de honra* e vivia em Milão. Em Palermo, não creio que exista um só exemplo de mafioso gerindo casas de jogo.

O *arrependido* Antonino Calderone, catanês, contou que seu irmão Giuseppe reprovava, cara a cara, Michele Zaza e Alfredo Bono pela paixão obsessiva que tinham por roletas e bacará. Bono tinha fama de apostador obstinado nos cassinos do Norte da Itália. Mesmo assim, é o tipo de atividade que não traz nenhum prestígio a um *homem de honra*. É tolerada a título individual, mas provoca uma repreensão quando se torna evidente demais.

As extorsões são outro problema. Praticadas de modo sistemático, são o meio mais eficiente para consolidar o controle sobre um território, objetivo primário de cada *famiglia*. Buscam, num certo sentido, além de lucros nada desprezíveis, o reconhecimento concreto da autoridade mafiosa. Sua prática tem assumido formas e conotações diferentes com o passar dos anos.

No início, as extorsões eram feitas com certo pudor, sob falsas aparências, quase buscando possíveis justificativas: pedia-se uma "contribuição" a um negociante, por exemplo, invocando a necessidade de a organização prover ajuda a quem estava na prisão. Em troca do pagamento, que na época era muito menos difundido do que se pensa, a vítima da extorsão recebia a garantia efetiva da Cosa Nostra de que a sua loja ou atividade artesanal estaria protegida. Declarações dos *arrependidos* Marino Mannoia, Calderone e outros revelam que não eram incomuns casos em que a máfia eliminava pequenos bandidos responsáveis por causarem desordens em bairros controlados pela *famiglia* à qual os negociantes haviam pagado regularmente uma taxa ou porcentagem.

Hoje, frequentemente a porcentagem e a extorsão se reduziram a um simples reconhecimento quase formal da autoridade de uma *famiglia* sobre um determinado território, mas não garantem proteção. Para o comerciante tornaram-se um custo suplementar, acrescido do risco normal de assaltos, furtos e coisas do gênero. O que prova que a relação entre a criminalidade comum e a máfia mudou, ou melhor, que a Cosa Nostra mostra uma certa benevolência nas disputas com pequenos criminosos. Antigamente, o mafioso deixava pouca margem de manobra para os ladrões; hoje, facilitam a sua ação.

Trata-se, no meu modo de ver, de uma escolha deliberada dos corleoneses, que deram mais liberdade a ladrõezinhos, vândalos e malfeitores de Palermo, Catânia e outros lugares, para induzir a repressão policial a caçar pequenos delinquentes, enquanto coloca nos trilhos as *famiglie* das grandes cidades, dando-lhes mais liberdade de ação nas periferias. Sem falar que as periferias constituem o viveiro de cultura das novas gerações da máfia, sempre mais audazes, sempre mais cureis e ávidas por riquezas... Portanto, a prática das extorsões se desvinculou da necessidade de sobrevivência ("Dê uma pequena contribuição para os nossos encarcerados") e de proteção, e se transformou num simples meio de recolher dinheiro sem oferecer em troca as garantias de antes. Então, conclui-se que os comerciantes pagam duas, três, quatro porcentagens a grupos diferentes. Algo muito frequente na Campânia, onde a Camorra se fracionou.

E pensar que, segundo relato de Buscetta, o seu *capo della famiglia*, Gaetano Filippone, já nos anos 50, recomendava que seus *homens de honra* fizessem compras em loja de um pequeno comerciante pobretão, que tinha poucos clientes... Não falo isso para valorizar a "boa máfia" do passado, mas para relembrar que antigamente havia uma estratégia precisa, no sentido oposto a esta atual. Simples. Queriam manter boas relações com os varejistas, com aqueles com quem tinham que conviver todo dia, reservando-se a obter lucros mais substanciosos das grandes empresas. Acrescente-se a isso que, então, as necessidades e exigências da sociedade – e, portanto, da máfia – não eram tantas a ponto de exigir grande faturamento. A difusão do consumismo de massa mudou tudo no contexto social, com consequências também para a Cosa Nostra, cuja evolução ocorreu paralelamente.

Na prática, hoje quase todos pagam a porcentagem. O livro-caixa descoberto no esconderijo de Francesco Madonia, em dezembro de 1989, continha uma longa lista daqueles que, em Palermo, produziam, atuavam numa profissão ou no comércio, e pagavam. Ao lado de alguns nomes, lia-se até 400 mil liras ou 600 mil liras por mês. Parecem cifras irrisórias, poucas centenas de milhares de liras, mas muitas traziam uma anotação: "Quer dizer que, agora, os Madonia se contentam com migalhas!" Não são migalhas. Recebendo aquelas somas modestas, os Madonia asseguravam o autofinanciamento do seu exército, da sua base, da sua mão de obra: gente utilizada para as suas "bocas", ou para dar cobertura a grandes delitos, e que a cada mês recebia um salário. Como o palermitano Vincenzo Sinagra, que depois se tornou *arrependido*, e mesmo não sendo um *homem de honra* recebia seu salário mensal: uma espécie de "faz-tudo" que ficava na praça Scaffa, em Palermo, à espera de pequenas incumbências (incluindo homicídios) que lhe eram confiados.

Hoje, a porcentagem serve para financiar as categorias mais baixas da organização, a mão de obra da Cosa Nostra, e o mundo que a circunda. Serve também para assegurar oportunidades de lucro, como demonstram os assassinatos de alguns empreendedores, entre os quais Libero Grassi, morto em 29 de agosto de 1991, no caso não tanto pelas centenas de milhares de liras que se negava a pagar, mas pelo "mau exemplo" que dava ao setor produtivo.

Mesmo assim, contrariamente ao que normalmente se encontra, a tendência que se verifica nos inquéritos e investigações é na direção de uma redução dos pedidos de porcentagens consideráveis. Mau sinal: se as porcentagens dos criminosos diminuem – ou melhor, se transformam –, isso pode significar que o mafioso tende a se tornar ele mesmo empresário, investindo em empresas o lucro ilícito do tráfico de drogas. A crescente presença da Cosa Nostra no mercado legal não representa um sinal positivo para a economia em geral.

Imaginemos esse mafioso que se torna capitão da indústria. Rico, seguro de poder dispor de um dinheiro que não precisou tomar emprestado e que não precisará ser devolvido. Ele se dedicará a criar no seu setor de atividade uma situação de monopólio baseada na intimidação e na violência. Se for construtor civil, ampliará o seu raio de ação até controlar a pedreira, o depósito de cimento, as lojas de material sanitário, os fornecedores em geral, e mesmo os operários. Numa situação assim, porque deveria se preocupar com extorsões? Os outros proprietários de pedreiras, os industriais do cimento e do ferro pouco a pouco serão englobados numa rede monopolista sobre a qual ele exercerá o controle. Leonardo Greco, revendedor de vergalhões de ferro para a construção civil em Bagheria, próximo a Palermo, nunca pedia nada aos seus colegas. Mas dava um jeito de colocar no mercado os seus produtos através de todos os empresários do setor na região palermitana, mafiosos ou não. É assim que um empresário mafioso altera o panorama da economia local.

A tendência para redução das extorsões coloca em foco um fato inquietante que é o crime organizado – sobre o qual não conseguimos exercer controle eficiente – dar-se ao luxo de passar a atividades mais lucrativas e aparentemente lícitas, enquanto nós continuamos a combatê-la no velho terreno: não por acaso essa tendência de diminuição da taxa cobrada torna-se mais evidente onde a presença e a pressão mafiosas são mais fortes. Não por acaso esse fenômeno é acompanhado também de uma diminuição dos homicídios e das operações criminosas particularmente impressionantes.

É necessário, então, buscar em outra parte uma chave de interpretação convincente. A infiltração mafiosa no mercado legal, seguida da redução das ações criminosas, ao menos daquelas mais surpreendentes – mais evidente em Palermo do que no resto da Sicília –, não obstante os incontestáveis resultados positivos, representa, repito, um fenômeno extremamente preocupante. Aguardo pelo sociólogo que sustentará que essa situação em si provaria a gradual evolução do crime organizado e a sua dissolução na sociedade civil em razão da melhoria do nível de vida!

Não, não tenhamos ilusão: o mafioso que enriqueceu ilegalmente e se inseriu no mundo da economia legal – mais que ele, os seus descendentes – não constitui sinal de absorção ou dissolução da máfia no núcleo da sociedade civil. Nem agora, nem no futuro. Porque o mafioso não perderá nunca a sua identidade, continuará sempre a recorrer às leis e à violência da Cosa Nostra, não se libertará da mentalidade de casta, do sentimento de pertencer a um grupo social privilegiado. Os Inzerillo, os Spatola, os Teresi eram todos empresários muito competentes em seu campo, a construção civil. Mas permaneceram mafiosos. Rosario Spatola tinha começado profissionalmente como leiteiro ambulante, nos anos 50. Teve até que pagar multa porque misturava água ao leite. Em 1978, esse mesmo Spatola chegou a vencer a maior licitação de obra pública realizada em Palermo: construiu

422 apartamentos, bancado pelo Instituto de Casas Populares, do qual era presidente Vito Ciancimino. Se à capacidade empreendedora se somam os conhecimentos certos...

Não se pode dizer que os mafiosos não trabalham, que se contentam em administrar os seus lucros vivendo de extorsões e ameaças. Não é verdade: trabalham para fazer crescer o capital, comportando-se como pessoas sérias. Michele Greco, chamado "O Papa", resolvia uma série de problemas em suas terras, demonstrando grande competência em matéria agrária. Como Rosario Spatola, na construção civil.

Quando se é membro da Cosa Nostra e se recorre à violência e à intimidação, é muito mais fácil se impor ao mercado. Os mafiosos fazem isso e continuarão a fazê-lo enquanto a máfia existir. Ao longo de minha carreira vi muitos mortos de fome se tornarem ricos empresários. Mas nenhum que tenha renunciado à sua afiliação ou ao uso dos métodos mafiosos. O mesmo vale para seus filhos. Essa é uma verdade que dá a medida da dificuldade da luta contra a máfia: se fosse apenas banditismo ou gangsterismo urbano as coisas seriam muito mais simples!

Firmemo-nos um instante sobre o parasitismo econômico da Cosa Nostra e questionaremos: se esses mafiosos são tão inteligentes, tão versáteis e empreendedores, por que não preferem viver como parasitas? A resposta é simples: porque é mais fácil.

Na Sicília, mesmo que alguém seja inteligente e trabalhador, isso não quer dizer que fará carreira, não significa nem que consiga sobreviver. A Sicília fez do clientelismo uma regra de vida. Nesse cenário é difícil alguém despontar pura e simplesmente por causa das qualidades profissionais. O que conta é ter amigo ou conhecimento para se ganhar um empurrãozinho. E a máfia, que representa o extremo dos valores sicilianos, acaba por fazer parecer um favor aquilo que é direito de todo cidadão.

Sendo assim, o que significa parasitismo? Antigamente, a máfia fazia a "segurança", impondo seus homens aos grandes proprietários e lhes extorquindo dinheiro, mesmo quando não pediam vigilância e proteção. Ela se apoiava na atividade produtiva dos outros, não produzindo ela mesma absolutamente nada. Hoje – como bem escreveu o sociólogo Pino Arlacchi – a organização parasitária mudou profundamente. O mafioso não se disfarça de empresário: torna-se um verdadeiro empresário, e desfruta das vantagens suplementares por pertencer a Cosa Nostra. Mudança essa que resulta do enorme fluxo de dinheiro vindo inicialmente do contrabando de cigarros e, depois, do tráfico de drogas.

Ignazio e Nino Salvo eram verdadeiros capitães da indústria. Até 1984, eles foram sócios, com outros, de uma empresa encarregada de recolher impostos na Sicília. Quando o Estado lhes retirou a concessão, os amigos dos Salvo comentaram: "A Satris acabará nas mãos do Estado. Pior, nas mãos dos partidos políticos, e será um desastre." E foi um desastre.

Stefano Bontate também era um bom administrador. Da mesma forma, os Cuntrera e os Caruana fundaram um verdadeiro império industrial na Venezuela, trabalhando duramente dos anos 60 até hoje. Até Antonino Calderone, que fugiu para Nice a fim de escapar da vingança da Cosa Nostra, tinha implantado naquela cidade uma lavanderia que continua a faturar bem, mas já sem ele. Em geral, quando um mafioso afirma "sou um trabalhador de verdade", não está de todo errado.

A Sicília é uma terra onde, infelizmente, a estrutura estatal é deficiente. A máfia soube preencher esse vazio a seu modo e em seu benefício. Tudo isso somado tem contribuído para evitar, durante longo tempo, que a sociedade siciliana afunde no caos total. Em troca dos serviços oferecidos (no seu próprio interesse, sem dúvida), aumentou cada vez mais o seu poder. É uma realidade que não se pode negar.

Por isso, o conceito de parasitismo deveria ser revisto, juntamente com a dicotomia entre a velha e boa máfia e a pretendida nova máfia. Nos últimos vinte anos os mafiosos – dotados de brilhante inteligência, grande capacidade de trabalho e notável habilidade organizativa –, depois de terem aumentado as suas possibilidades de investimento, puderam entrar no mundo econômico legal aplicando recursos ilegais e seguir. Daí a continuidade dos comportamentos mafiosos e hábitos muito difundidos na Sicília, e também em outras regiões da Itália, de apropriarem-se dos bens públicos.

Vejamos aquela que é comumente considerada a principal fonte de faturamento da Cosa Nostra: a droga. Sabemos que nos anos 80 a máfia siciliana, tendo à frente as *famiglie* Cuntrera e Caruana, originárias de Siculiana, na Província de Agrigento, havia assegurado uma grande fatia do tráfico da heroína destinada aos Estados Unidos. Porém, mesmo no período de maior expansão do tráfico, a Cosa Nostra em si não estaria envolvida. Os mafiosos e as *famiglie* que se ocupavam dessa atividade o faziam em caráter pessoal.

    Isso significa que podiam utilizar no tráfico uma certa quantidade de não mafiosos, e até de não italianos, enquanto para todas as outras atividades institucionais, se é que podemos chamá-las assim, a Cosa Nostra tendia a servir-se somente de *homens de honra*. Em outras palavras, o tráfico de drogas era uma atividade que não se diferenciava de modo substancial de qualquer outra atividade comercial, por exemplo, do comércio de peles. Consequentemente, qualquer *homem de honra* podia ocupar-se dele particularmente sem ter que prestar contas a ninguém, tratando-se de uma atividade, digamos assim, privada. Na *famiglia* Santa Maria de Jesus, Stefano Bontate e seu irmão Giovanni trabalhavam ambos no setor de drogas, porém separadamente.

Os sicilianos começaram a estabelecer relações comerciais com os americanos, sobretudo porque nos Estados Unidos podiam contar com cabeças de ponte confiáveis, filiadas às grandes *famiglie* da ilha. E conquistaram uma posição de predominância. Se químicos franceses de reconhecida competência aceitaram refinar morfina-base em Palermo, certamente foi porque eram bem pagos e sabiam que não corriam grandes riscos, mas principalmente porque os sicilianos eram os únicos a ter controle total do mercado de produção e do comércio da droga. Na segunda metade dos anos 70 era praticamente impossível qualquer operação de certa importância sem que eles estivessem envolvidos.

Em 1987, durante as acareações de Mariano Piazza e Giovanni lo Cascio, descobrimos que uma carga de heroína, proveniente do Oriente Médio e refinada nas periferias de Marselha, fora embarcada com destino a Miami, na Flórida, onde já havia alguns sicilianos vindos de Palermo para recebê-la. Estavam encarregados de distribuir o carregamento de heroína diretamente nos Estados Unidos, mercado que conheciam com perfeição. O período entre 1983 e 1985 testemunhou um domínio quase absoluto dos mafiosos sicilianos sobre o comércio de heroína nos Estados Unidos.

O trabalho se mantinha sempre muito dividido. Não havia apenas um *homem de honra* que supervisionasse a compra, o refino e a exportação aos Estados Unidos. Numerosas pessoas eram empregadas nos diversos níveis: da compra ficavam encarregados aqueles que conheciam melhor as rotas dos contrabandistas de cigarros do Oriente Médio e mantinham contato direto com os produtores; do refino, os que já eram dotados de certa experiência na matéria, ajudados por técnicos estrangeiros; da venda, as mais variadas pessoas.

Os Cuntrera e os Caruana, importantes compradores de heroína na Europa, segundo as confissões de Buscetta e outros, num primeiro momento se ocuparam também do transporte nos Estados Unidos. Depois, limitaram-se à sua importação e distribuição.

Sob o ponto de vista qualitativo e quantitativo, o envolvimento da máfia é extremamente mutável. Enquanto havia pouco tempo respondia por 30% do tráfico mundial de heroína para os Estados Unidos, em 1991, segundo estimativas americanas, sua cota caiu para 5%. Agora, outros grupos parecem mandar: chineses, porto-riquenhos, curdos, turcos, armênios... Uma grande confusão.

E, para complicar as coisas, o comércio ilegal de armas se alinhou ao tráfico de drogas.

A progressiva separação entre o tráfico de drogas e a Cosa Nostra foi confirmada por fatos concretos: a partir de 1985 – desde a descoberta do laboratório de Alcamo, próximo a Palermo –, não foram descobertos outros laboratórios nem na Sicília nem em outras partes da Itália; e a apreensão de carregamentos de heroína provenientes da Sicília diminuiu tanto quanto as prisões de mafiosos diretamente envolvidos no tráfico. Mesmo assim, a situação ainda é muito instável para permitir uma avaliação definitiva. Lembremos, por exemplo, que em 1987, quando foi preso em Nápoles o famoso Pietro Vernengo, ele tinha consigo não heroína, mas nove quilos de morfina-base em diversos estágios de refino. O potencial comprador queria, portanto, provar amostras da qualidade dos diferentes métodos de transformação. Nas cercanias de Lucca, em 1990, foi preso outro siciliano, Gabriele Randazzo, também ele com um carregamento de morfina-base, seguramente proveniente de Milão e destinada ao Sul (para ser refinada lá?). O mercado das drogas está, portanto, muito confuso. No entanto, ao menos no que diz respeito à sua comercialização, é certo que a Cosa Nostra já não detém mais o monopólio, nem na Itália, nem em outro lugar.

O que acontece cada vez que um carregamento de drogas é apreendido? Analisa-se o produto e o grau de refino, procurando-se identificar a sua origem. Quando a mercadoria apreendida já está refinada e pronta para ser colocada no mercado é difícil obter indicações sobre o seu local de origem, mesmo com as mais sofisticadas análises químicas. Isso é diferente quando a intervenção se dá no momento da importação ou do seu lançamento no mercado. Em certos casos, o método de refino pode equivaler a um certificado de origem.

Não conseguíamos, por exemplo, descobrir por que algumas remessas de heroína apreendidas nos anos 80 apresentavam traços de benzol-tropeína. Depois, o *arrependido* Francesco

Marino Mannoia nos revelou que se tratava de uma maquiagem. Realmente, cada substância utilizada para o "batismo" abaixa o ponto de fusão da droga (em torno de 273 graus para a heroína pura): portanto, com um simples controle o comprador pode facilmente descobrir a baixa qualidade da mercadoria. Para enganá-lo, Mannoia tinha inventado uma estratégia: adicionava benzol-tropeína, que tem a vantagem de manter elevado o ponto de fusão e assim permite vender heroína "batizada" como se fosse pura. Sabendo da estratégia usada, cada vez que identificávamos traços de benzol-tropeína sabíamos que a mercadoria tinha origem siciliana. Hoje, porém, a identificação não é automática como antes, porque outros traficantes usam esse mesmo tipo de produto.

Outro elemento importante de avaliação são os instrumentos utilizados nos laboratórios clandestinos. Marino Mannoia tinha uns originalíssimos, projetados e construídos por ele mesmo e reservados ao uso pessoal.

Tráfico de drogas corresponde a lavagem de dinheiro. É impensável que os lucros do comércio de drogas cheguem aos beneficiários por vias legais. Daí a escolha da clandestinidade. Por três motivos: o caráter ilegal do negócio; as eventuais restrições à exportação de capital; a natural prudência dos expedidores e destinatários.

Levando em conta que as manobras financeiras necessárias para "lavar" o dinheiro sujo não podem ser efetuadas integralmente pelas organizações envolvidas – que não têm a competência técnica necessária –, a tarefa é confiada a peritos em finanças internacionais, os chamados colarinhos brancos, que se colocam a serviço do crime organizado para transferir os recursos de origem ilícita para países mais hospitaleiros, os famosos paraísos fiscais.

É sempre difícil identificar traços de operações do gênero. A lavagem – que consiste em operações para limpar a origem ilegal da riqueza –, para ser combatida eficientemente, requereria legislações internacionais harmônicas e uma séria colaboração entre Estados interessados. A legislação italiana ainda não está adequada à gravidade e à dimensão do problema, especialmente no que se refere a investigações patrimoniais e bancárias. E o novo Código de Processo Penal de certo não melhorará a situação, com seus limites temporais – seis meses, com limitadas possibilidades de prorrogação – e a imposição de que os suspeitos sejam informados de que estão sob investigação.

Percebe-se que os jornais repetem que a lavagem de dinheiro passa pelas sociedades financeiras de Milão. Mas quantas delas foram identificadas? Pouquíssimas. Diz-se ainda que os colarinhos brancos se utilizam de operações da Bolsa. E quantas operações desse tipo descobrimos? Nenhuma, que eu saiba. Afirmações levianas como essas podem influenciar de forma relevante o mercado legal. Às vezes, o simples fato de a imprensa incluir alguns setores financeiros como privilegiados pela lavagem de dinheiro é suficiente para redirecionar investimentos, trazendo inevitáveis consequências negativas. Como dizem os banqueiros, *o dinheiro tem patas de lebre e coração de coelho.*

Raramente os grandes fluxos de dinheiro sujo envolvem um só país. Portanto, é indispensável uma grande colaboração entre os Estados. Uma das raras investigações financeiras conduzidas na Itália foi iniciada por nós, juízes de Palermo, em 1984. Trata-se de uma investigação que ainda não chegou aos tribunais, e por isso evito dar nomes dos indiciados.

Em 1986, investigando Vito Ciancimino, confirmei que três contas de um banco suíço, em nome de um italiano suspeito – que podemos chamar de senhor X – tinham apresentado rápidas e importantes movimentações de recursos, entre 1981-82, presumivelmente provenientes do tráfico de drogas. Solicitei às autoridades suíças que me autorizassem consultar seus documentos sobre a matéria. Autorização concedida. Mas, de repente, as contas foram esvaziadas. Continuei a investigação e descobri que a soma transferida – 5 milhões de dólares – foi parar na conta de uma sociedade panamenha. E que fora dividida em duas partes: 2,5 milhões de dólares tomaram o caminho de um banco em Nova York, e os outros 2,5 milhões se dirigiram para um banco de Montreal. Mas a peregrinação não acabou aqui, continuando até 1991.

De repente, os dólares se encontravam na conta de uma sociedade de Guernesey, na Grã-Bretanha, que ignorava por completo a sua origem ilícita. Sob ordens do senhor X, a sociedade dividiu os 5 milhões em cinco partes e os depositou em cinco contas diferentes. A partir daí, pegaram a estrada para a Suíça, onde aterrissaram – simples coincidência? – num banco que tinha sede ao lado do primeiro, aquele que havia levantado as nossas suspeitas. Novo pedido de colaboração às autoridades suíças, nova autorização. Constatei que os 5 milhões de dólares tinham se multiplicado e se tornaram 15 milhões, distribuídos em cinco contas diferentes. O incrível trajeto do dinheiro só se concluiu em 1991, quando um magistrado suíço decretou o seu sequestro.

Uma investigação desse gênero exige um conhecimento avançado das técnicas bancárias por parte do magistrado, uma ampla colaboração entre governos de diversos países e anos de trabalho. Sem a ajuda dos magistrados e autoridades suíças, e de outros Estados, não teria conseguido levar a termo a instrução do processo. Contrariamente ao que se pensa, a Suíça é um dos países que prestam mais colaboração, porque compreendeu que acabou a época em que era possível manter o dinheiro depositado e deixar os mafiosos do lado de fora. O dinheiro da máfia implica necessariamente, antes ou depois, na presença dos homens e dos métodos mafiosos.

* * *

Na maior parte dos países envolvidos no tráfico de heroína e na lavagem de dinheiro, precisei identificar alguns correspondentes. Com os franceses tive bom relacionamento pessoal, sobretudo no campo judiciário: o juiz Debaq, de Marselha, por muitos meses desenvolveu uma atividade intensa nos interrogatórios de Antonino Calderone; conheci o juiz Sampieri durante o caso Michele Zaza. As boas relações com a França, no entanto, encontram obstáculos em matéria de extradição – herança dos anos de terrorismo – porque os nossos crimes de associação subversiva e de associação mafiosa não são reconhecidos pela legislação francesa.

Lembro-me de ter ido ao tribunal de Créteil para interrogar um acusado, Francesco Gasparini, detido na França com seis quilos de heroína. Chegara da Tailândia e se preparava para partir para a Itália. Os colegas de Paris me disseram: "sua vinda será inútil, ele não dirá uma palavra." Mesmo assim eu fui, e, num golpe de sorte inesperado, no dia seguinte à minha chegada Gasparini decidiu falar.

Se a colaboração com a França é boa, com os Estados Unidos é excelente. Com o Canadá, Grã-Bretanha, Espanha e Alemanha as coisas vão muito bem, enquanto são mais difíceis com a Tailândia, Egito e Israel, ainda que eu tenha conseguido instruir um processo com Debaq envolvendo alguns israelenses.

* * *

Ao falar dos ganhos da máfia, não podemos esquecer as licitações públicas e as subempreitadas. Aliás, me pergunto se esses não seriam os negócios mais lucrativos da Cosa Nostra. O controle das concorrências de obras públicas remonta a dezenas de anos, mas hoje tem uma dimensão impressionante. Não importa se a empresa que conquista o trabalho é siciliana, calabresa, francesa ou alemã: qualquer que seja a sua origem, a empresa que deseja trabalhar na Sicília deve submeter-se a certas condições, submeter-se ao controle territorial da máfia.

A influência sobre as licitações de obras públicas acontece tanto na fase de adjudicação dos trabalhos (os empresários mafiosos conhecem bem os mecanismos e estão em condição de influenciar funcionários prepostos encarregados das licitações) quanto na fase de execução das obras. Qualquer funcionário público na Sicília e no Sul da Itália em geral sabe muito bem que deve comprar material de determinado fornecedor e não de outro. Nos anos 70, a construção de um dique no Rio Olivo, construído pela empresa Graci, da Catânia, deu início a uma impressionante sequência de homicídios. O que tinha acontecido? Segundo nos foi informado por Antonino Calderone, uma *famiglia* criminosa local, não pertencente a Cosa Nostra, teve a pretensão de impor os próprios fornecedores, num lugar onde a máfia afirmava que era a única que podia garantir "proteção" à construtora Graci.

Portanto, não havia surpresa nenhuma no fato de as empresas mafiosas assumirem gradualmente e de forma direta o controle das licitações de obras públicas. Têm nas mãos alguns trunfos: a capacidade de desencorajar qualquer concorrente através da intimidação e da violência; a capacidade de, sempre através da intimidação, não respeitar as normas coletivas da construção e as leis de segurança do trabalho; a possibilidade de ter acesso a créditos facilitados, e até de não recorrer a eles, investindo nos trabalhos parte do dinheiro sujo proveniente do tráfico de drogas.

O que aconteceu e continua acontecendo no setor das empreiteiras desmente todas as teorias segundo as quais o crescimento socioeconômico da Sicília teria levado a máfia ao desaparecimento. Ao contrário, a Cosa Nostra soube inserir-se no desenvolvimento, afastando o curso natural de seus efeitos. A única possibilidade para o Estado sinalizar uma inversão de rota me parece que consiste em garantir um nível mínimo de convivência cívica, uma estrutura mínima de "contrato social", para citar Rousseau. Uma das precondições das cláusulas fundamentais de um contrato semelhante consiste na garantia de aplicação das leis e no combate eficaz da criminalidade. Se essas condições não se realizam é inútil se refugiar na ilusão generosa de que o desenvolvimento possa acabar, como por encanto, com a máfia.

Chegamos ao ponto em que qualquer intervenção econômica do Estado corre o risco de apenas oferecer mais espaço para a especulação da máfia e aumentar a diversidade entre o Norte e o Sul. O mesmo caso das contribuições a fundo perdido. Em minha opinião, somente uma política de incentivos, desde que bem administrados, poderia obter efeitos positivos.

É até evidente demais a que fins imediatistas, tipicamente pré-eleitorais, de horizonte limitado a alguns meses ou algumas semanas, atende a escolha política de destinação de auxílios: para os partidos, frequentemente o Sul é só um reservatório de votos. Mas até quando será possível seguir nessa direção? Até quando será levada adiante a *meridionalização* de certos partidos? E que efeitos isso trará ao mecanismo social?

Eis as razões pelas quais a teoria das duas Itálias – uma Itália europeia, ao Norte, e uma africana, ao Sul – só poderá ser seriamente contestada depois da derrota da máfia, que restabelecendo as condições mínimas para uma convivência civil aceitável, permitirá lançar as bases do desenvolvimento futuro.

Na Sicília e na Calábria os casos de fraudes danosas para a UE, segundo denúncias feitas por organismos comunitários, são numerosos: no relatório da Comissão, o número de golpes perpetrados nas duas regiões é sete vezes maior do que a média europeia. Parece estranho, mas até hoje não conseguimos ainda saber o número exato de processos, nem em quais tribunais tramitam, muito menos como foram concluídos.

Sobre esse mesmo assunto, o *arrependido* Salvatore Contorno contou-me uma história significativa. Como é sabido, a União Europeia concede indenização pela destruição do excedente da produção de cítricos. "Bem", disse Contorno, "no interior da Cosa Nostra todos sabem que a máfia está envolvida até o pescoço com a destruição dos cítricos, da qual tirava grandes lucros." Fontes respeitáveis asseguram que mesmo que fossem destruídos todos os carregamentos de cítricos indicados, uma Sicília inteiramente recoberta de laranjeiras e limoeiros não seria suficiente para garantir a produção necessária para uma destruição tão grandiosa!

VI – PODER E PODERES

Há muitos anos, aconteceu em Palermo um dos já tantos *homicídios excelentes*. Enquanto eu estava mergulhado em amargas reflexões, tocou o telefone. Era o alto comissário para a luta contra a máfia, daquela época: "E agora, o que podemos inventar para diminuir a tensão na cidade?", perguntou-me.

Outra vez, depois de uma série de crimes ao longo de um mesmo dia, sempre em Palermo, me telefonou o ministro do Interior, quase me responsabilizando por aquela explosão de violência.

Junto a uma miríade de outros sinais, os dois episódios que lembrei mostram um quadro realista do compromisso do Estado na luta contra o crime organizado. Emotivo, episódico, flutuante. Motivado somente pelo impacto causado por um determinado crime ou pelo efeito que uma particular iniciativa do governo possa exercer sobre a opinião pública.

No exterior espantam-se e questionam por que o Estado italiano ainda não conseguiu debelar a máfia. Perguntam e tornam a perguntar.

Os motivos para isso são numerosos. Antes de tudo, além da potência da organização mafiosa, sua singular estrutura a torna impermeável a investigações: a Cosa Nostra tem a força de uma igreja, e as suas ações são fruto de uma ideologia e de uma subcultura. Não é à toa que um dos seus *capi*, Michele Greco, foi apelidado de "O Papa". Além disso, não esqueçamos a relativa jovialidade do Estado italiano (pouco mais de 100 anos), diferente, por exemplo, de um Estado francês multissecular e hipercentralizado. Um Estado fraco, de formação recente, descentralizado, ainda hoje dividido em muitos centros de poder, não está em condições de organizar a luta como fariam, por exemplo, França, Inglaterra e Estados Unidos.

Mas não é só isso. Por vinte anos, a Itália foi governada por um regime fascista, que aboliu toda a dialética democrática. E, sucessivamente, por um único partido político, a Democracia Cristã, que monopolizou o poder, sobretudo na Sicília, valendo-se de aliados ocasionais, desde o Dia da Libertação*. Por sua vez, a oposição – mesmo na luta contra a máfia – nem sempre demonstrou estar à altura do seu dever, confundindo a luta política contra a Democracia Cristã com as batalhas judiciárias em relação aos afiliados à Cosa Nostra, ou alimentando-se de preconceitos: "Não se

---

* Em 25 de abril de 1945 as tropas aliadas libertaram definitivamente a Itália dos nazifascistas. (N. do T.)

pode fazer nada contra a máfia enquanto o poder estiver nas mãos destes homens."

Portanto, a paralisia foi de todas as frentes. A classe dirigente, consciente dos problemas e das dificuldades de todo tipo ligadas a um ataque frontal à máfia, todavia sem nenhuma garantia de sucesso imediato, logo compreendeu que teria tudo a perder e pouco a ganhar ao se comprometer com a batalha. E assim preferiu enfrentar um fenômeno de tamanha gravidade com simples panos quentes, sem uma mobilização geral consciente, duradoura e constante de todo o aparato repressivo e sem o apoio da sociedade civil. Os políticos se preocuparam em votar leis emergenciais e criar instituições especiais, que no papel deveriam conseguir dar impulso à luta antimáfia, mas que na prática resultaram numa delegação das responsabilidades próprias de um governo com estrutura dotada de meios inadequados e incapazes de coordenar ações de combate ao crime.

O famoso alto comissariado para a luta contra a máfia, criado sob influência da emoção que surgiu com o assassinato do general Dalla Chiesa, é um evidente exemplo disso: naquela época, o ministro do Interior e o governo como um todo puderam atribuir à instituição toda a culpa da sua ineficiência, atribuindo a ela a responsabilidade pelos insucessos.

Em tempos não distantes, diante de crimes mafiosos de forte repercussão social, e com grande dificuldade para se obter elementos suficientes que permitissem uma incriminação para os assassinatos, se preferia identificar onde havia germinado e onde havia sido amadurecido o crime. E, consequentemente, buscar a incriminação dos membros da organização por associação para o crime. Os indiciados eram enviados a julgamento, enquanto a opinião pública tinha a impressão de que se fazia alguma coisa. Mas era apenas um paliativo. De fato, os "associados" logo voltavam à liberdade. No fim, apenas uma pequena parte deles era efetivamente condenada. Na interminável tramitação dos nossos procedimentos, os processos contra os mafiosos se concluíam com as celas vazias e quando o interesse geral já havia se acalmado. Com a ajuda do crime de associação, esses processos cumpriram unicamente a função de manter na cadeia por algum tempo pessoas suspeitas de terem cometido gravíssimos delitos, dos quais faltavam provas suficientes.

A famosa Lei Rognoni-La Torre, votada em 1982, que introduziu o delito específico de associação mafiosa, no fundo não fez mais do que aperfeiçoar essa linha de tendência e essa estratégia de combate ao crime organizado, valorizando a perícia do mafioso e introduzindo, no caso concreto de crimes de associação mafiosa, elementos como a intimidação, a submissão da vítima e a *omertà*, que não eram previstos na associação para crimes comuns.

Todavia, a Lei La Torre – idealizada para perseguir especificamente o fenômeno mafioso e compensar a falta de provas causada pela limitada colaboração dos cidadãos e pela dificuldade intrínseca de se obter testemunhas nos processos contra mafiosos – não parece ter trazido contribuições decisivas na luta contra a máfia. Aliás, esse é o perigo quando se privilegiam estratégias discutíveis que acabam servindo a uma condenação, quando eram destinadas a valorizar elementos suficientes apenas para iniciar uma investigação.

Tudo deveria mudar após a entrada em vigor do novo Código de Processo Penal Acusatório, em 1989. Ainda por muito tempo, em minha opinião, não se poderá continuar punindo o velho crime de associação, pois será necessário encontrar provas dos crimes específicos. De fato, com os novos procedimentos, a prova – como nos países anglo-saxônicos – tem que ser formada no curso do debate público. O que, na falta de elementos concretos da culpa pelos crimes apontados, torna extremamente difícil demonstrar que o réu seja filiado a uma organização criminosa; filiação que geralmente se deduz a partir de elementos indiretos e de indícios de difícil demonstração em plenário. Com o novo rito existe o risco de não se conseguir provar nem mesmo a existência da Cosa Nostra!

Porém, a Lei La Torre continua a ter grande importância em todas as investigações patrimoniais dos acusados de crimes mafiosos, uma vez que autoriza o confisco de bens adquiridos ilicitamente, atingindo os mafiosos no seu ponto fraco: riqueza e fonte de renda. Se bem aplicada, essa lei oferece ao magistrado a possibilidade de selecionar as pessoas a serem investigadas: de um lado, aquelas para as quais existem provas irrefutáveis de crime de associação mafiosa; de outro, aquelas que, mesmo sem provas suficientes para um processo, a suspeita de pertencerem à máfia surge com fundamentação. Em relação a estes, o magistrado pode recorrer a medidas preventivas de caráter pessoal e patrimonial, enquanto aguarda provas dos crimes específicos cometidos por eles.

Isso demonstra que, mesmo com o nosso arsenal legislativo complexo e frequentemente contraditório, é possível impor uma verdadeira ação repressiva na presença de crimes sem autor e de inquéritos sem provas. *Sempre podemos fazer alguma coisa*: máxima que deveria ser gravada na cadeira de todo magistrado e de todo policial. Para evitar que se refugiem comodamente no lugar-comum de que a máfia, sendo antes de tudo um fenômeno socioeconômico – o que é verdade –, não possa ser reprimida de modo eficaz sem que ocorram mudanças radicais na sociedade, na mentalidade e nas condições de desenvolvimento. Reafirmo, ao contrário, que sem a repressão não se restabelecerão as condições para um desenvolvimento ordenado. E, repito, devemos acabar de uma vez por todas com estas teorias equivocadas de uma máfia que é filha do subdesenvolvimento, quando na verdade ela representa a síntese de todas as formas de aproveitamento ilícito das riquezas. Portanto, não nos atrasemos resignadamente, à espera de um longínquo, muito longínquo crescimento cultural, econômico e social que poderia criar as condições para a luta contra ela. Seria uma cômoda desculpa dada àqueles que procuram nos convencer de que não há nada a fazer.

Certamente, e ainda por muito tempo, teremos que nos confrontar com o crime organizado de caráter mafioso. Por muito tempo, mas não eternamente. Porque a máfia é um fenômeno humano, e como todo fenômeno humano tem início, a sua evolução e, portanto, terá também um fim.

Mas com quais instrumentos hoje enfrentamos a máfia? De uma forma tipicamente italiana, através da proliferação descontrolada de leis inspiradas na lógica da emergência. Toda vez que a violência mafiosa explode e há manifestações alarmantes, ou a ordem pública parece ameaçada, com precisão cronométrica surge rapidamente um decreto-lei tampão para intensificar a repressão. Tão logo a situação retoma uma aparente normalidade, tudo cai no esquecimento e voltamos a abaixar a guarda.

As leis não servem para nada se não estão sustentadas por uma forte e precisa vontade política; se não estão em condição de funcionar por falta de estrutura adequada; e, sobretudo, se as estruturas não são dotadas de homens profissionalmente qualificados.

Profissionalismo significa, antes de tudo, só agir quando se está seguro dos resultados a serem alcançados. Perseguir alguém por um crime sem dispor de elementos irrefutáveis que sustentem a sua culpabilidade significa prestar um péssimo serviço. O mafioso será colocado em liberdade, a credibilidade do magistrado ficará comprometida, e a do Estado ficará ainda pior. Depois de investigar inúmeras pessoas, é melhor contentar-se em perseguir somente aquelas duas ou três das quais se tenha provas concretas acerca de sua criminalidade.

Só o rigor profissional de magistrados e investigadores fará a máfia compreender que a Sicília não é mais o quintal de sua casa, e isso servirá para desestimular a insolência e a arrogância do mafioso que não respeita a autoridade do Estado. Posso afirmar que o melhor resultado alcançado pelas investigações conduzidas em Palermo nos últimos dez anos é mesmo este: ter privado a máfia da sua aura de impunidade e invencibilidade. Até quando os condenados no maxiprocesso foram colocados em liberdade, ainda assim ficou um resultado, o de que ela pode ser arrastada ao tribunal e que os seus *capi* podem ser condenados.

Ter demonstrado a vulnerabilidade da máfia constituiu uma força também para os investigadores, na medida em que os conscientizou que os mafiosos são homens como os outros, criminosos como os outros, e que podem ser combatidos com uma repressão eficaz.

Os resultados se obtêm com firme compromisso, contínuo e diário. Sem blefes. Sem diletantismos. Uma vez que a luta que estamos travando é mesmo uma guerra, com seus mortos e feridos, como todas as guerras deve ser encarada com o máximo empenho e a máxima seriedade. Quem trapaceou, quem quis se fazer passar pelo que não era, pagou caro; muitas vezes perdeu a própria pele. Julgo inadmissível, por exemplo, que as forças policiais não tenham um comportamento de absoluta correção em relação aos suspeitos. Sei de um comissário de polícia que, indo pela enésima vez revistar a casa de um *capo* mafioso que estava preso, ouviu sua mulher lamentar: "Mas estamos sendo perseguidos. Logo ficaremos sem um tostão", tirou do bolso 500 liras para dar a ela. Humilhação inútil, que serviu apenas para dar um momento de satisfação ao comissário em questão, mas causou muito rancor à outra parte. E, ainda a propósito de profissionalismo, queria lembrar o número nada modesto de colegas e investigadores que, embora tivessem profundo conhecimento do inimigo, perderam a batalha ou a vida por não terem adotado todas as normas de segurança necessárias, impostas pela periculosidade de uma organização como a Cosa Nostra.

Entre policiais e magistrados, alguns dos que foram assassinados cometeram erros de subavaliação do fenômeno. Não me agrada dizer isto, mas gostaria de destacar que falo de amigos e colaboradores que acreditavam sinceramente no seu compromisso antimáfia. Infelizmente, nesta difícil batalha os erros cometidos são pagos. O que para nós é uma profissão, para os homens da Cosa Nostra é uma questão de vida ou morte: se os mafiosos cometem erros, eles pagam; só nós os cometemos, nos fazem pagar por eles.

Um comissário de polícia foi assassinado num pequeno porto da província de Palermo: não deveria ter saído de férias sem proteção, sem defesas, em meio aos mafiosos... Um oficial dos carabineiros, jovem e elegante, passeava, num domingo, com sua noiva pelas ruas mais movimentadas da sua cidade... O capitão Basile desenvolvia importantes investigações sobre as grandes *famiglie* da periferia de Palermo, sem se dar conta do vespeiro em que havia se metido.

Cesare Terranova, magistrado que era um exemplo de dedicação, não se deu conta do perigo que significava voltar a Palermo para ser conselheiro instrutor do tribunal.

E Rocco Chinnici, o que se dirá do conselheiro instrutor do tribunal de Palermo que a máfia mandou pelos ares em 1983, estacionando um carro cheio de explosivos na porta de sua casa? Rocco Chinnici não subestimou nada. Competente e corajoso, se protegia com rigor e grande sacrifício pessoal, com escolta e carro blindado. Sim, Rocco Chinnici foi o morto mais natural, mais normal, a exceção que confirma a regra: na guerra que travava contra a máfia, mesmo usando estratégias irrepreensíveis, caiu na armadilha e perdeu sua batalha. Ela mostrou-se mais hábil e mais forte que ele.

Ninni Cassarà tinha um ou mais traidores bem ao lado. O arrependido Francesco Marino Mannoia relatou que no interior da Cosa Nostra circulava a notícia que o comissário Montana e Cassarà haviam jurado que não prenderiam vivos os dois supermatadores da máfia, Mario Prestifilippo e Pino Greco "Scarpazzedda". Parece que ambos tinham expressado intenções discutíveis diante de pessoas que consideravam fiéis, mas que na verdade não eram. Ninni Cassarà era um dos meus melhores amigos e um esplêndido investigador, além de profundo conhecedor da máfia. Mesmo que tivesse tido intenções do gênero, certamente não deveria abrir-se com os outros. Portanto, é singular e inquietante que ela tivesse sido informada por alguém disso. Vale lembrar que, a respeito do assassinato de Cassarà, escrevemos que ele tinha sido entregue à vingança mafiosa por alguns colegas, e que no dia de sua morte alguém muito próximo tinha telefonado aos homens da Cosa Nostra, para indicar a hora em que havia saído do escritório e a provável hora de sua chegada a casa, na rua Croce Rossa, em Palermo.

Olhando novamente para a longa e impressionante lista dos assassinados por mãos mafiosas, parece-me que o percentual de homicídios que se podia evitar ou tornar mais difíceis seja maior do que a dos mortos, digamos assim, fisiológicos, normais para o tipo de atividade que desenvolvemos. Às vezes digo para mim mesmo que eles seriam mortos de qualquer maneira, mas a ideia de que se tenha facilitado o trabalho do adversário me faz o sangue subir à cabeça.

Profissionalismo consiste também em evitar armadilhas. Nem sempre quem estava à minha volta notou claramente a atenção detalhada que eu dedicava à questão da minha segurança: considero que essa é a regra número um, quando se tem a tarefa de combater a máfia. Contaram coisas fantásticas sobre a minha escolta, sobre o meu gosto pelo mistério, sobre a clandestinidade da minha vida, sobre a guarita diante da minha casa. Foi escrito que eu me deslocava de um *bunker* a outro, do Palácio da Justiça aos cárceres, e dos cárceres para a minha prisão particular: a minha casa. Talvez alguém tenha pensado que eu dou importância demais a esses problemas. Discordo. Conheço os riscos que corro com a profissão que tenho, e não creio que devo dar um presente à máfia oferecendo-me como alvo fácil.

Nós, do pool antimáfia, vivemos como condenados a trabalhos forçados: acordar de madrugada para estudar os relatórios, antes de ir para o tribunal, e retornar para casa tarde da noite. Em 1985, eu e Paolo Borsellino passamos as férias numa prisão, em Asinara, na Sardenha, para redigir as providências conclusivas da instrução do maxiprocesso.

Não lamento nada, embora às vezes perceba nos meus colegas um compreensível desejo de voltar à normalidade: menos escoltas, menos proteção, menos rigor nos deslocamentos. E então me surpreendo por ter medo das conseqüências desse tipo de atitude: normalidade significa menos investigações, ser menos incisivo, obter menos resultados. E temo que a magistratura volte à velha rotina: os mafiosos fazendo o seu trabalho de um lado, os magistrados fazendo mais ou menos bem o deles de outro e, no final das contas, a evidente ineficiência do Estado. Seria insuportável ouvir novamente a ironia e arrogância mafiosa de antigamente durante um interrogatório!

Na luta contra a máfia, profissionalismo também significa ter consciência de que as investigações não podem ser monopólio de uma única pessoa, mas fruto de um trabalho em grupo. A personalização excessiva é o maior perigo das forças antimáfia, depois da subavaliação dos riscos. Penso no general Dalla Chiesa. Estava sozinho. Não teve tempo, nem alguém o ajudou a ter plena consciência da capacidade militar alcançada por ela.

Em fevereiro de 1982, um advogado foi ao meu gabinete para me pedir, em nome do general, que eu encaminhasse novamente a julgamento o processo contra Spatola e outras ações. Então, compreendi que ele pensava em vir para Palermo. Depois, nunca mais manifestou desejo de me encontrar, nem de encontrar-se com nenhum outro magistrado do Gabinete de Instrução. Chegou a Palermo em 30 de abril. Passaram maio, junho e julho – nesse meio tempo ele se casou. Chegaram as férias de agosto. Em 3 de setembro foi assassinado. Não teve tempo de conhecer as carências da máquina investigativa. Toda a sua atividade, entre elas a famosa entrevista a Giorgio Bocca, no *Repubblica*, se resumiu ao angustiante pedido de melhores meios para combater seriamente a máfia.

Quis, também, que o "Relatório dos 162", escrito pelo comissário Ninni Cassarà – segundo o que este me disse – fosse transferido para a Procuradoria da República em 13 de julho de 1982, aniversário do "Processo dos 114", iniciado em 13 de julho de 1974 com o relatório dos carabineiros, para o qual Chiesa havia contribuído de maneira significativa. Fora algumas voltas pela província e algumas visitas a escolas e colégios, sua atividade ainda não havia atingido o cerne da questão.

Então, por que foi assassinado? Porque, de qualquer modo, representava um grande perigo. Obviamente, não só porque tinha informações originais e em grande quantidade em seu poder, mas pela marca extremamente pessoal e compromissada que foi dada à sua nomeação como prefeito de Palermo. Se considerarmos que uma das motos usadas no seu assassinato foi roubada em junho de 1982, e que ela, depois do furto, havia percorrido só alguns poucos quilômetros (na prática, a distância necessária para efetuar o controle e verificar o percurso seguido pelo general), se compreende que a decisão de eliminá-lo foi tomada muito rapidamente em relação à sua nomeação.

Dalla Chiesa era muito perigoso porque tinha investido todo o seu empenho e profissionalismo na nova função. Portanto, iria obter resultados significativos a qualquer custo. Pode-se imaginar a preocupação da Cosa Nostra, que certamente não escaparia de decisões que ele já tomara na luta contra o terrorismo e da sua determinação em reafirmar a autoridade do Estado.

Quando Dalla Chiesa chegou a Palermo, os jornais já tinham exaltado sua grande capacidade profissional, sua coragem e sua desenvoltura. Depois, se admiraram que tivesse sido assassinado durante um deslocamento, enquanto estava praticamente sem escolta, a despeito do cargo que tinha. Foi isso que também reprovaram em Antonio Scopelliti, o magistrado assassinado durante férias na Calábria, em 9 de agosto de 1991, também sem escolta. A acusação de imprudência é típica nos *homicídios excelentes*.

É preciso tirar uma lição de tudo isso. Quem representa a autoridade do Estado em território inimigo tem o dever de ser invulnerável. Ao menos dentro dos limites da previsibilidade e da facticidade, dos limites ponderáveis.

Além disso, estou convencido que, para se conseguir resultados significativos, é necessário elaborar estratégias unificadas a cargo de centros de decisão coordenados ao nível da polícia e da magistratura. Diante de um Ministério Público mais coordenado, certamente existe o problema da sua sujeição ao poder político. Porém, pessoalmente, acredito que através desse caminho se aumente o profissionalismo do Ministério Público, que é a melhor garantia para a manutenção da independência da magistratura.

Tomemos um exemplo: se se quer definir as linhas gerais de uma ampla investigação sobre as novas atividades da máfia, a fim de enfrentar a invasão da cocaína na Europa ou com o intuito de identificar os canais de lavagem de dinheiro (investigação que envolve mais a competência do procurador da República), torna-se extremamente difícil fazê-lo porque falta um centro coordenador de decisão e investigação, e tudo depende da atitude de seus agentes. Imaginemos uma situação do gênero: o DEA, agência americana antidrogas, informa à Itália que um carregamento de drogas está chegando a Milão num contêiner que passará por Brennero, atravessará Bolzano, para só depois chegar aos Estados Unidos. O DEA comunica que a viagem não deve ser interrompida, para que possam prender os traficantes americanos na chegada, deixando para nós a missão de deter os italianos. Tudo bem. Porém, se o procurador da República de Bolzano decidir parar o contêiner, ninguém poderá impedi-lo. E se outros procuradores pensarem que também devem dar ordens, onde esta droga irá parar? Conseguiremos fazer com que ela embarque para os Estados Unidos? Quantas autorizações para a não apreensão da droga precisam ser despachadas, e por quem? E se um procurador diz sim e outro diz não? Casos como esse demonstram a necessidade de uma procuradoria coordenada, que determine as intervenções necessárias; isso tornaria nossa ação muito mais eficaz.

Entretanto, uma coordenação fortemente centralizada não pode ser confiada a um Ministério Público totalmente separado dos outros poderes do Estado. Será necessário imaginar a forma mais adequada para uni-los. Um grande jurista e grande político da nossa Constituinte, Piero Calamandrei, se declarou favorável à instituição de um procurador-geral da Corte de Cassação que tivesse lugar no Conselho de Ministros a título consultivo sobre assuntos relacionados à justiça. Outros pensaram em diretivas dadas ao Ministério Público pelo Parlamento.

Que fique bem claro: não desejaria um Ministério Público inteiramente sob controle do Executivo. A Procuradoria deve conservar e reforçar sua própria autonomia e independência, e deve agir de maneira eficiente para ser realmente responsável pela sua atividade, e para isto uma intervenção legislativa se faz necessária.

Uma estrutura de responsabilidade coletiva limitaria, entre outras coisas, os riscos de superexposição. A atividade e a personalização excessivas, hoje muito difundidas entre policiais e magistrados, os tornam vulneráveis e criam alvos ideais para a máfia e para o Estado. De fato, em certos casos também o Estado cede à tentação de livrar-se de um simples investigador incômodo, removendo-o ou transferindo-o para outra sede.

A personalização é um defeito tipicamente latino. Em Palermo há quem me cumprimenta, com um "doutor Giovanni", em que o "doutor" é expressão de respeito, enquanto o "Giovanni" acrescenta um pouco de intimidade comigo.

Além disso, a coordenação investigativa contribui para melhorar o profissionalismo do Ministério Público e a sua especialização; para concentrar os esforços sobre certos objetivos e realizá-los em detrimento de outros; para favorecer a elaboração de estratégias de intervenções coordenadas e centralizadas; para exortar a responsabilidade (não política, obviamente) do Ministério Público pelos resultados de suas operações.

Com o novo Código de Processo Penal, o Ministério Público pode ser somente "parte" e, portanto, é inato ao seu papel coordenar os inquéritos e o recolhimento dos elementos de sustentação da acusação, com a colaboração da polícia judiciária. Por isso, ele deve se adaptar ao seu novo papel de "não juiz" e transformar-se numa espécie de advogado da polícia.

Será difícil, mas necessário chegar lá.

A magistratura sempre reivindicou sua própria independência; mas, na realidade, deixou-se frequentemente ser sub-repticiamente seduzida pelas lisonjas do poder político. Sob a máscara de uma autonomia formal, o poder nos fez esquecer a falta de autonomia. Temos sustentado apaixonadamente a tese do Ministério Público independente do Executivo, mas compreendemos tarde demais que, para um Ministério Público privado de meios e capacidade para agir eficientemente, autonomia e independência reais não passam de ilusão. Ou um privilégio de casta.

Diante do sequestro do filho de uma família rica, o que pode fazer um jovem membro do Ministério Público de uma cidade do Norte, com toda a sua independência e autonomia, se não tem nenhuma experiência? Não poderá mais do que delegar inteiramente a iniciativa e a coordenação das investigações à polícia e aos carabineiros.

A organização atual dos gabinetes judiciários, portanto, não facilita o trabalho dos juízes inquiridores que, além disso, se veem obrigados a disputar espaço com uma organização mafiosa há muito tempo solidamente inserida nas estruturas do poder.

Sei bem que não falo nada de novo. Já no relatório da maioria da Comissão Antimáfia, presidida pelo deputado Cattanei em 31 de março de 1972, se afirmava, sem meias palavras: "Na Sicília, o sistema político do pós-guerra não foi capaz de se garantir, de se defender da máfia, que existia antes de nascerem os atuais partidos, e que não foi inventada por eles, fique bem claro. Porém, ela antes os condicionou para depois contaminá-los." Portanto, não deve causar espanto a descoberta de políticos que aceitam discretamente compactuar com a Cosa Nostra, no momento em que o controle territorial, típico do método de governo mafioso, também implica condicionamento do poder político, com todas as consequências eleitorais imagináveis. A máfia – e isto é fato notório – controla grande parte dos votos na Sicília. O *arrependido* Francesco Marino Mannoia falou de dezenas de milhares de votos "sob influência", somente em Palermo. Mesmo assim, nas eleições de 1987 foram evidentes as massivas transferências de votos nas zonas eleitorais mais importantes.

Contudo, a máfia não se compromete de bom grado com a atividade política. Os problemas políticos não interessam a ela, até que se sinta diretamente ameaçada no seu poder ou nas suas fontes de receita. Para ela, basta eleger administradores e políticos "amigos", muitas vezes membros da organização. Seja para orientar o fluxo dos gastos públicos, seja para votar leis adequadas, que facilitem as suas oportunidades de ganhos, ou que, ao contrário, anulem outras que poderiam ter repercussões negativas sobre os seus negócios. A existência de administrações municipais flexíveis é fundamental para evitar um possível freio à sua expansão e à recusa de licenças para construção, bem como para que controle mais profundamente as obras públicas e as subempreitadas.

Além desses condicionamentos de caráter geral, a máfia intervém para garantir pequenos serviços do clientelismo mais comum, distribuído generosamente pelos políticos, como contou o *arrependido* Antonino Calderone: "É sempre bom saber quem são os políticos apoiados pela Cosa Nostra, porque se pode recorrer a eles quando se precisa de um favor. Por exemplo, o chefão de Riesi, Giuseppe di Cristina, desiludido com a falta de ajuda concreta da Democracia

Cristã para atenuar a vigilância da segurança pública, dirigiu-se ao republicano Aristide Gunnella. Di Cristina foi, então, admitido em um instituto regional por proposta do próprio Gunnella."* É surpreendente que o Partido Republicano tenha recebido uma "avalanche de votos" nas eleições de Riesi, como diria Calderone?

É evidente que é a máfia que impõe suas condições aos políticos e não o contrário. De fato, por definição ela não tem nenhuma afinidade com a atividade política, que se destina a cuidar de interesses gerais. O que interessa para a Cosa Nostra é a própria sobrevivência. E mais nada. Ela nunca pensou em ter ou gerir o poder. Não é o seu trabalho.

A propósito do desvio de votos na consulta eleitoral de 1987, Francesco Marino Mannoia nos disse: "Foi provocada pela Cosa Nostra para lançar uma advertência à Democracia Cristã, por ela não ter sabido bloquear os inquéritos antimáfia dos magistrados de Palermo." Os votos tirados da Democracia Cristã não passaram automaticamente para um outro partido, mas convergiram na direção dos partidos que tinham assumido uma posição fortemente crítica em relação aos magistrados, o Partido Socialista e o Partido Radical.

Salvatore Greco, atualmente detido, foi ironicamente apelidado pela Cosa Nostra de "O Senador" por sua paixão

---

* Após a publicação da 1ª edição, o deputado Gunnella desmentiu as declarações de Antonino Calderone, afirmando não ter mantido relações com Giuseppe di Cristina e negando ter obtido vantagens, muito menos eleitorais, com sua nomeação.

pela política, o que demonstra com que desprezo a máfia trata as questões políticas.

Esse distanciamento da política encontra confirmação nas declarações que, segundo a imprensa, Francesco Marino Mannoia teria dado ao FBI (Mannoia está atualmente sob proteção do governo americano): "Sim, a Cosa Nostra recebeu pressões durante o sequestro de Aldo Moro, realizado pelas Brigadas Vermelhas em 1978. O que pediam a ela? Que fizesse contato com os terroristas para obter a libertação do refém. Então, a Cúpula se reuniu a pedido de Stefano Bontate, o chefão mais chegado à Democracia Cristã, mas logo se quebrou em duas: os amigos de Bontate, favoráveis a uma intervenção, e os corleoneses, com Pipo Calò, contra. Estes acabaram levando a melhor: "Os assuntos políticos são coisa deles, não nossa."

Entretanto, não se deve acreditar que a Cosa Nostra não faça política em caso de necessidade. Ela faz, mas da sua maneira, violenta e brusca, assassinando os homens que a incomodavam, como Piersanti Mattarella, presidente da região da Sicília, democrata cristão, em 1980; Pio la Torre, deputado comunista e principal autor da lei que leva o seu nome, em 1982; e Michele Reina, secretário provincial da Democracia Cristã, em 1979. Esses *homicídios excelentes*, sobre os quais até agora não se tem um completo esclarecimento, alimentaram a ideia do "terceiro nível", entendendo-se com isso que existiria uma rede acima da Cosa Nostra, na qual se esconderiam os verdadeiros responsáveis pelos assassinatos, uma espécie de supercomitê, constituído por políticos, maçons, banqueiros, altos burocratas do Estado e capitães da indústria, de onde partiriam as ordens para a Cúpula.

Essa sugestiva hipótese – que coloca uma estrutura como a da Cosa Nostra submetida a um centro de comando que não estaria sob controle dela – é totalmente irreal, e revela profunda ignorância sobre as relações entre a máfia e a política.

A ideia do "terceiro nível" teve origem – e distorceram o seu significado – num argumento desenvolvido por mim e por meu colega Giuliano Turone para um seminário em Castelgandolfo, em 1982. Juntos tínhamos redigido um relatório sobre as técnicas de investigação em matéria de crimes mafiosos. Havíamos destacado que a máfia não é uma organização que comete delitos contra a sua vontade, mas em função de um conjunto de interesses que tinham como finalidade precípua o crime; por exigência sistemática, diferenciamos os delitos "eventuais", como os definimos, de outros "essenciais". Em outras palavras, crimes como contrabandos, extorsões, sequestros de pessoas, para os quais se forma a organização mafiosa, classificamos como de "primeiro nível".

No "segundo nível" classificamos os crimes que não constituem a razão de ser da Cosa Nostra, mas são consequência indireta dela. Por exemplo, o assassinato de um *homem de honra* que fica marcado por não cumprir uma determinação da organização. Restavam os crimes não classificáveis nem como essenciais ou estruturais (primeiro nível), nem como eventuais (segundo nível), mas que haviam sido perpetrados em um determinado momento, para garantir a sobrevivência da organização: o homicídio de um prefeito, de um comissário de polícia, de um magistrado particularmente empenhado. Eis aí o delito de "terceiro nível".

Por caminhos misteriosos, o nosso "terceiro nível" tornou-se "o grande senhor", "o manipulador", que do outro lado da esfera política puxa a fila da máfia. Não existe sombra de prova ou indício que sustente a hipótese de um comando secreto que se serve da máfia transformada em simples braço armado de tramas políticas. A realidade é mais simples e mais complexa, ao mesmo tempo. Caso se tratasse desses personagens imaginários, de um *Espectro* à italiana, já os teríamos colocado fora de combate. Em suma, bastava um James Bond.

Isso não significa que não seja legítimo e até uma obrigação questionarmos por que ainda não conseguimos descobrir os mandantes dos crimes políticos. Como desculpa parcial, podemos dizer que ainda não descobrimos nem mesmo muitos autores de crimes não políticos. Mas seria uma justificativa mesquinha. Na realidade, acho utópico pensar em resolver os crimes de "terceiro nível" antes que aqueles de níveis precedentes sejam solucionados. Depois, considero que a crescente riqueza da Cosa Nostra dá a ela um poder ampliado, que a organização procura usar para bloquear as investigações. Enfim, parece-me que as conexões entre uma política "negocista" e a criminalidade mafiosa, cada vez mais envolvida com a economia, tornam ainda mais difíceis as investigações. E com este resultado final: o desenvolvimento de um sistema de poder na Sicília que se baseia e se alimenta das conveniências e das cumplicidades mafiosas, o que constitui um obstáculo a mais para investigações mais objetivas e eficientes.

Acredito que a Cosa Nostra esteja envolvida em todos os acontecimentos importantes da vida siciliana, a começar pelo desembarque aliado na Sicília durante a Segunda Guerra Mundial e pelas nomeações de prefeitos mafiosos depois da Libertação. Não pretendo me aventurar em análises políticas, mas não conseguirão me fazer crer que alguns grupos políticos não sejam aliados da Cosa Nostra – por uma evidente convergência de interesses – na tentativa de condicionar a nossa democracia, ainda imatura, eliminando personagens incômodas para ambos.

Conversando sobre a máfia com políticos sicilianos, fiquei muitas vezes espantado com a sua ignorância sobre o assunto. Talvez alguns estivessem de má-fé, mas em todo caso nenhum tinha clareza de que certas declarações aparentemente inócuas, certos comportamentos, que no resto da Itália fazem parte do jogo político normal, na Sicília adquirem um valor específico. Nada é considerado inocente na Sicília, nem fazer visita a um diretor de banco para pedir um empréstimo perfeitamente legítimo; nem uma ardorosa discussão entre deputados, nem um debate ideológico dentro de um partido. Acontece, então, que em dado momento alguns políticos ficam isolados no seu próprio contexto. Eles ainda se tornam vulneráveis e se transformam inconscientemente em potenciais vítimas. Além das causas específicas da eliminação deles, creio que seja incontestável que Mattarella, Reina e La Torre tinham ficado isolados em função das disputas políticas em que estavam empenhados. O condicionamento do ambiente siciliano e a atmosfera global têm grande relevância nos crimes políticos: certas declarações, certos comportamentos contam muito para identificar a futura vítima sem que ela própria nem se dê conta disso.

Geralmente, se morre porque se está sozinho ou porque se entrou num jogo grande demais. Frequentemente se morre porque não se tem as alianças necessárias, porque se é privado de apoio.

Na Sicília, a máfia atinge os funcionários públicos que o Estado não consegue proteger.

Impressão e Acabamento:
LIS GRÁFICA E EDITORA LTDA.